초등15줄 독후감 쓰기

독후감의 주인공들

강승규	고명경	김광훈	김범기	김소연	김수연	김영륜
김재희	문시후	박상우	박진우	배지원	서연우	오윤서
오은서	우나연	우수연	이나연	이나현	이서준	이서현
이성민	전지환	정소윤	정우현	채정민	최가을	

초등15줄 독후감 쓰기

초판 1쇄 발행 2021년 6월 9일
초판 5쇄 발행 2024년 8월 13일

지은이 송현지

발행인 장상진
발행처 (주)경향비피
등록번호 제2012-000228호
등록일자 2012년 7월 2일

주소 서울시 영등포구 양평동 2가 37-1번지 동아프라임밸리 507-508호
전화 1644-5613 | **팩스** 02) 304-5613

ⓒ송현지

ISBN 978-89-6952-459-1 73800

· 값은 표지에 있습니다.
· 파본은 구입하신 서점에서 바꿔드립니다.

어린이 제품 안전 특별법에 의한 표시
제품명 도서 **제조자명** 경향BP **제조국** 대한민국 **전화번호** 1644-5613
주소 서울시 영등포구 양평동 2가 37-1번지 동아프라임밸리 507-508호
제조년월일 2021년 6월 9일 **사용연령** 8세 이상
※ KC마크는 이 제품이 공통안전기준에 적합하였음을 의미합니다.

초등학교 교과서 수록 도서 & 필독서 & 권장도서

초등 15줄 독후감 쓰기

송현지 지음

경향BP

머리말

   이 책을 쓰면서 '독서가 우리에게 얼마나 중요할까?'라는 질문을 나 자신에게 수없이 해 보았습니다. 아마 천 번도 더 해 봤을 거예요. 그래서 어떤 답을 얻었냐고요?
   독서는 내가 살면서 꼭 필요하지만, 꼭 필요하지 않기도 해요.
   참 이상한 답이죠?
   그렇지만 독서를 한 사람이 이룬 꿈과 독서를 하지 않은 사람이 이룬 꿈은 분명히 다르다고 확신합니다.

   우리는 지금 꿈이라는 섬을 향해 바다를 헤엄쳐서 열심히 가고 있습니다. 그런데 바다에서 수영하기는 쉽지 않지요?
   그럼 무엇이 필요할까요?
   독서는 우리가 힘겹게 바다를 헤엄칠 때 우리에게 튜브 같은 존재가 되어 줄 수 있어요. 때로는 배가 되어 줄 수도 있고요. 그런데 튜브냐 배냐는 얼마나 의미 있는 독서를 했느냐에 따라 결정됩니다.
   이 책은 친구들이 독서를 좀 더 의미 있게 할 수 있도록 도와주는 책이에요. 책을 읽고 내 생각을 맘껏 표현할 수 있는 독후감을 써 보세요. 처음에는 힘들 수 있으니 책에 있는 것을 베껴도 보고 비슷하게도 써 보세요. 따라 하는 것은 결코 잘못된 것이 아닙니다.

  친구들이 열심히 따라 쓰다 보면 어느 날 '나만의 글'을 쓰게 될 거예요. 그럼 그때 선생님에게 '나만의 글'을 담은 편지를 한 통 보내 주세요. 여러분의 꿈을 응원할 수 있게 꼭 답장을 보낼게요.

친구들의 편지를 기다리는 어느 봄날
송쌤

차 례

머리말 4

15줄 독후감 쓰기를 배우기 전에 알아 두어요! 12

독후감이란? 12 | 독후감을 써야 하는 이유 14 | 독후감을 쓸 때 꼭 알아 두어야 할 것 14 | 생각 정리란? 15 | 독후감 쓰는 순서 16

하나 지식그림책 읽고 독후감 쓰기

1	김치 특공대	24
2	나는 나의 주인	26
3	내 더위 사려!	28
4	네 글자 세상	30
5	밥이 최고야	32
6	배운다는 건 뭘까?	34

7	세상에서 가장 멋진 내 친구 똥퍼	36
8	숨 쉬는 항아리	38
9	연이네 설맞이	40
10	지구촌 곳곳에 너의 손길이 필요해	42
11	쿠키 한 입의 인생 수업	44
12	투발루에게 수영을 가르칠 걸 그랬어!	46
13	틀려도 괜찮아	48
14	플라스틱 섬	50
15	행복하다는 건 뭘까?	52
16	7년 동안의 잠	54

둘 인물책 읽고 독후감 쓰기

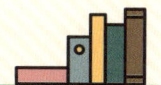

17	광개토 대왕	62
18	김구	64
19	그림 그리는 아이 김홍도	66
20	꼴찌, 세계 최고의 신경외과 의사가 되다	68
21	나비 박사 석주명에게 배우는 몰입	70
22	마틴 루서 킹	72
23	빈센트 반 고흐	74
24	신사임당	76
25	이순신	78
26	유관순	80

27	이태석	82
28	장기려	84
29	헬렌 켈러	86

셋 전래동화(세계명작) 읽고 독후감 쓰기

30	나무 그늘을 산 총각	94
31	마지막 잎새	96
32	말하는 남생이	98
33	브레멘 음악대	100
34	사윗감을 찾아 나선 쥐	102
35	소가 된 게으름뱅이	104
36	소똥 밟은 호랑이	106
37	아씨방 일곱 동무	108
38	어린 왕자	110
39	오즈의 마법사	112
40	재주꾼 오 형제	114
41	저승에 있는 곳간	116
42	쥐 둔갑 타령	118
43	크리스마스 캐럴	120
44	행복한 왕자	122

넷 동시집 읽고 독후감 쓰기

45 가랑비 가랑가랑 가랑파 가랑가랑 — 130
46 꽃마중 — 132
47 너 내가 그럴 줄 알았어 — 134
48 내 입은 불량 입 — 136
49 쉬는 시간에 똥 싸기 싫어 — 138
50 시 주머니 어따 놨어? — 140
51 우리 반 과일 장수 — 142
52 인형쟁이 울 엄마 — 144
53 지렁이 일기 예보 — 146
54 콧구멍만 바쁘다 — 148
55 콩, 너는 죽었다 — 150
56 호랑이는 내가 맛있대 — 152

다섯 이야기책 읽고 독후감 쓰기

57 가끔씩 비 오는 날 — 160
58 거짓말 — 162
59 곰씨의 의자 — 164

60	기찬 딸	166
61	까마귀 소년	168
62	꿈을 나르는 책 아주머니	170
63	내 짝꿍 최영대	172
64	다다다 다른 별 학교	174
65	달 샤베트	176
66	두고 보자! 커다란 나무	178
67	두근두근 1학년 선생님 사로잡기	180
68	들꽃 아이	182
69	만년샤쓰	184
70	먹는 이야기	186
71	멋지다 썩은 떡	188
72	메아리	190
73	뭔가 특별한 아저씨	192
74	바삭바삭 갈매기	194
75	발레 하는 할아버지	196
76	병태와 콩 이야기	198
77	삐약이 엄마	200
78	사라, 버스를 타다	202
79	사소한 소원만 들어주는 두꺼비	204
80	상자 속 친구	206

81 선생님은 몬스터	208
82 수호의 하얀 말	210
83 슈퍼 토끼	212
84 쓰레기통 요정	214
85 신기한 씨앗 가게	216
86 신발 신은 강아지	218
87 아기 너구리네 봄맞이	220
88 아무도 몰랐으면 좋겠어!	222
89 아빠의 손	224
90 어머니의 이슬털이	226
91 엄마 자판기	228
92 오른발, 왼발	230
93 원숭이 오누이	232
94 으악, 도깨비다!	234
95 종이 봉지 공주	236
96 진짜 투명인간	238
97 짧은 귀 토끼	240
98 틀리면 어떡해?	242
99 퐁퐁이와 툴툴이	244
100 황금 사과	246

15줄 독후감 쓰기를 배우기 전에 알아 두어요!

독후감이란?

- 책을 읽고 제일 기억에 남는 이야기를 요약해 보고 내 생각을 쓰는 글이에요.
- 책을 읽고 나서 이 책에 대한 내 느낌을 솔직하게 적는 글이에요.
- 책에서 얻은 지식이나 교훈, 감명 깊었던 부분을 적는 글이에요.
- 누군가가 나의 독후감을 읽고 그 책에 대한 이해를 돕거나, 그 책이 읽어지고 싶게 쓰는 글이에요.

보통 책을 다 읽고 난 다음에 독후감을 쓰지요? 하지만 독후감을 쓸 때 책 첫 장을 넘기기 전에 먼저 쓰면 좋은 게 있어요. 그것은 바로 동기예요. 책을 만나는 순간부터 독후감을 쓰기 시작하면 훨씬 더 쉽게 독후감을 쓸 수 있답니다.

이렇게 독후감이란 책의 중요한 내용을 쓰는 것도 중요하지만 내가 책을 만나는 순간부터 책을 다 읽고 마지막 장을 넘기는 순간까지의 느낌이나 생각을 쓰는 것이 더 중요해요. 기억하세요.

"독후감은 내 느낌과 생각을 쓰는 것이 중요하다!"

진짜인지 아닌지 한 번 볼까요?

다음에 느낌을 쓴 독후감과 느낌을 쓰지 않은 독후감을 제시했어요. 각각 읽어 보고 어떤 독후감이 더 진심으로 쓴 것 같고, 더 잘 쓴 것 같은지 느껴 보세요.

학교 숙제여서 『아낌없이 주는 나무』라는 책을 읽었다. 나무가 소년에게 자기의 모든 것을 아낌없이 다 주었다.
소년은 나무의 열매, 줄기, 가지를 모두 가져가고는 돌아오지 않았다. 나무는 밑동만 남았고 소년이 할아버지가 되어서 돌아왔다. 그래도 나무는 행복해했다.

학교 숙제여서 『아낌없이 주는 나무』라는 책을 읽었다. 표지를 보고 별로 재미없는 이야기일 거라고 생각했다. 하지만 다 읽고 나니 나도 모르게 마음이 뭉클했다. 주인공은 나무와 소년이었는데 나무가 소년에게 자기의 모든 것을 아낌없이 다 주었다. 나무는 소년을 무척이나 사랑했고 소년이 행복해하는 것이 나무의 행복이었기 때문이다. 하지만 소년은 나무의 열매, 줄기, 가지를 모두 가져가고는 돌아오지 않았다.
난 정말 소년이 너무나 미웠고 나무가 불쌍하고 안쓰러웠다. 결국, 나무는 밑동만 남았고 소년은 할아버지가 되어서야 나무에게로 돌아왔다. 그래도 나무는 행복해했다. 함께하는 것만으로도 행복해하는 나무를 보며 나 자신이 부끄러워졌다. 또 아낌없이 주는 나무를 보니 엄마 생각이 났다. 오늘은 엄마 어깨도 주물러 드리고 분리수거도 도와드려야겠다.

독후감을 써야 하는 이유

● 생각하는 힘이 세져요!

책을 읽기만 한다고 해서 생각 주머니가 커지는 것은 아니에요. 책을 읽고 생각을 해 보세요. 주인공은 왜 그랬을까? 나라면 어땠을까? 어떻게 이렇게 되었을까? 등등. 궁금증도 가져 보고 책을 읽고 나서 떠오르는 느낌들을 생각하다 보면 생각하는 힘이 세진답니다.

● 글 쓰는 힘이 세져요!

생각했다면 그 생각을 글로 적어 보세요. 꼭 길지 않아도 되고 꼭 잘 쓰지 않아도 돼요. 중요한 것은 내가 생각을 했고 그것을 기록한다는 거예요. 한 번, 두 번, 세 번, 열 번, 백번이 되면 나도 모르게 글 쓰는 힘이 세진답니다.

● 이해하는 힘이 세져요!

글쓰기를 재미나게 하다 보면 독서가 재미나고, 독서가 재미나면 책 속의 여러 가지 이야기가 재미있어져요. 재미있다는 건 이해하는 힘이 세진다는 거예요.

● 감정을 표현하는 힘이 세져요!

독서를 하면서 우리는 여러 주인공을 만나며 여러 가지 감정을 느끼게 돼요. 때로는 주인공이 되기도 하고요. 독후감은 이런 여러 가지 감정을 표현할 수 있도록 도와줘요. 처음에는 어려웠던 감정 표현도 점점 더 쉬워지고 더 잘 표현할 수 있게 해 준답니다.

독후감을 쓸 때 꼭 알아 두어야 할 것

- 글쓰기에는 정답이 없어요. 그러니 정답이 있을 거라는 생각을 버리세요.
- 책을 억지로 읽지 마세요. 재미없게 본 책의 독후감은 결코 잘 쓸 수 없습니다.
- 독후감 쓸 책을 읽기 전에 동기를 만드세요. 이 책을 왜 읽어야 하는지, 이 책을 읽으면 나에게 어떤 변화가 올지, 이 책이 나에게 무엇을 줄지 생각해 보세요.
- 책을 읽을 때 밑줄을 그어 보세요. 나를 웃게 한 부분이나 감동을 준 부분, 다시 한 번 읽어 보고 싶은 문장, 중요한 부분이라고 생각되는 문장을 표시해 보세요.
- 독후감을 쓰기 전에 꼭 생각 정리를 하세요. 책을 마지막 장까지 넘겼다고 해서 다 읽은 것이 아닙니다. 생각 정리를 해야만 다 읽은 것이에요.
- 생각 정리는 마인드맵을 그려 가며 중요한 부분만 요약하듯이 적어 보세요. 너무 길게 쓰려 하지 말고 간단하게 정리하세요.
- 정리를 할 때는 독후감 쓰기의 순서를 떠올리며 정리하세요. 순서를 알고 있다면 독후감 쓰기가 훨씬 쉬워집니다.
- 생각 정리를 했다면 이제 독후감을 예쁜 글씨로 써 보세요. 아무리 내용이 좋아도 글씨가 엉망이면 그 글은 빛날 수 없습니다.

생각 정리란?

- 머릿속에 있는 책의 내용을 기억해 보세요.

- 주인공은 누구였는지, 가장 중요한 사건은 무엇이었는지 기억해 보세요.
- 새롭게 알게 된 사실이나 감명 깊었던 부분을 기억해 보세요.
- 마인드맵을 그리며 기억나는 것을 정리하세요.
- 마인드맵은 글쓰기 순서에 맞게 그려 보세요.

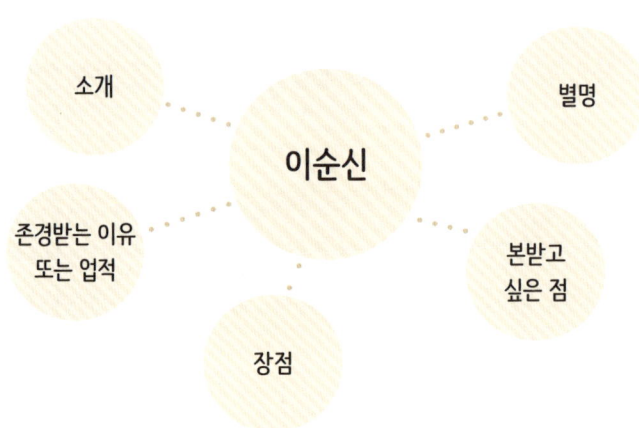

인물책 독후감 예시 브레인 스토밍

독후감 쓰는 순서

1. 동기 쓰기

★ 동기란 이 책을 읽게 된 이유를 말해요

1. 책의 제목이나 책 표지를 보고 내 생각 쓰기
2. 책의 제목이나 책 표지를 보고 궁금한 점 찾아보기
3. 책의 제목이나 책 표지를 보고 나의 경험과 연결 짓기

❹ 책의 제목이 왜 그런지 추측하기
❺ 책장을 넘기기 전에 책을 넘겨야 하는 이유 만들기

2. 내용 정리(요약)
❶ 책을 읽으며 중요한 문장을 밑줄 긋거나 메모하기
❷ 책에서 읽은 내용을 잘 기억해서 정리하기
❸ 중심 문장 안에서 중심 단어 찾아보기

3. 느낌 쓰기
❶ 다양한 느낌으로 표현하기
❷ 어떨 때 이런 느낌이었는지 경험을 빗대어 표현하기
❸ 구체적으로 느낌 표현하기

4. 생각의 변화나 다짐
❶ 책을 읽고 나서 생각의 변화 쓰기
❷ 책이 나에게 무엇을 주었는지 쓰기
❸ 앞으로의 계획이나 다짐 쓰기

5. 제목 짓기
❶ 독후감을 읽어 본 후 짓기
❷ 독후감을 읽어 보고 싶게끔 짓기
❸ 내용이 궁금하도록 짓기
❹ 너무 뻔하지 않게 짓기

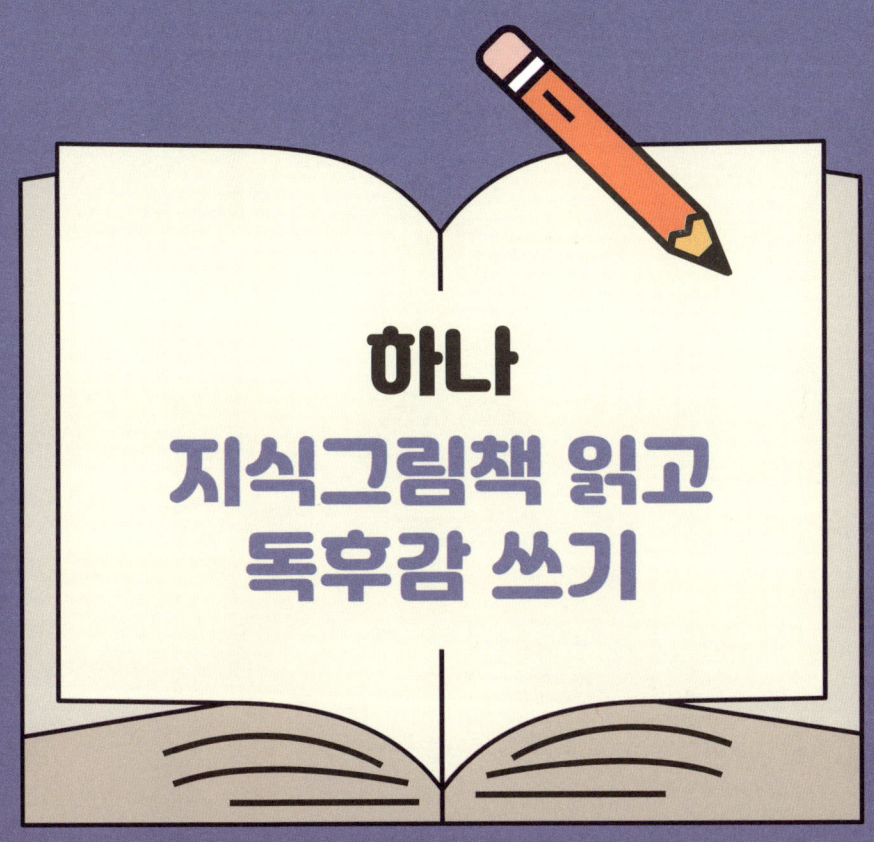

글쓰기 방향

1 제목 보고 추측하기

지식그림책을 읽기 전에 꼭 제목을 살펴보세요. '제목이 왜 그럴까?' 생각해 보세요. 보통 우리에게 알려 주고 싶은 것들이 제목으로 되어 있어요. 예를 들면, 『김치 특공대』, 『배운다는 건 뭘까?』, 『나는 나의 주인』처럼 말이지요. 그럼 왜 그런지 추측을 해 보세요. 물론 책에서 말해 주겠지만 그 전에 내 생각을 한 번 써 보는 거예요.

★ 『김치 특공대』 ☞ 내 생각에는 김치 안에 몸에 좋은 것이 많이 들어 있어서 특공대라고 하는 것 같았다.

★ 『배운다는 건 뭘까?』 ☞ 배운다는 건 열심히 복습하고 예습하는 것으로 생각했다.

★ 『나는 나의 주인』 ☞ 내 생각에는 내가 내 주인이어야 뭐든 해낼 수 있으므로 나는 나의 주인이라고 한 것 같았다.

2 새롭게 알게 된 지식 정리하기

지식그림책을 읽었다면 새롭게 알게 된 지식이 있을 거예요. 그럼 그 지식을 정리하세요. 모두 다 적으려고 하면 힘들어요. 조금은 더 중요하다고 느껴진 것들이나 내가 더 오래 기억하고 싶은 지식을 골라서 정리해 보세요.

- ★ 『김치 특공대』 ☞ 김치 안에는 유산균뿐만 아니라 감기와 암까지 예방해 준다는 것을 알게 되었다.
- ★ 『배운다는 건 뭘까?』 ☞ 배운다는 것은 관찰하는 것이고 귀 기울여 듣는 것이며 따라 하는 것이다.
- ★ 『나는 나의 주인』 ☞ 주인이란 나를 지키기도 하고 나를 키우기도 하며 나를 책임지는 존재라는 것을 알게 되었다.

3 놀라웠던 지식 뽑아 보기

새롭게 알게 된 지식 중에서 가장 놀라웠던 지식을 뽑아 보세요. 1등 지식을 정해 보는 거예요. 그럼 그 지식을 더 잘 기억할 수 있어요.

4 느낌 쓰기

내가 몰랐던 지식을 알게 되니 기분이 어떤가요? 뿌듯할 수도 있고, 기쁠 수도 있고, 흐뭇할 수도 있고, 무척 놀라울 수도 있어요. 그럼 그 기분을 적어 보세요. 조금 구체적으로요.

★ 『김치 특공대』 ☞ 잘 익은 김치 한 방울 안에는 1억 마리가 넘는 젖산균이 들어 있다는 것이 정말 신기했다.

★ 『배운다는 건 뭘까?』 ☞ 배우면 모르는 사람에게 나누어 줄 수 있는 것이 많아 진다는 것이 놀라웠다.

★ 『나는 나의 주인』 ☞ 내가 나의 주인이라고 생각하니 앞으로는 더 나를 아껴 주어야겠다는 생각에 가슴이 콩닥콩닥 설렜다.

5 생각의 변화나 다짐 쓰기

느낌까지 쓰고 나면 이 책을 읽고 난 후의 생각의 변화를 써 보세요. 분명 읽기 전과 읽고 난 후의 생각이 달라졌을 거예요. 새로운 다짐을 써 보는 것도 좋고요.

6 제목 짓기

독후감을 다 썼으면 소리 내어 읽어 보세요. 그리고 제목을 지어 보세요. 제목은 새롭게 알게 된 지식 중에서 하나를 뽑아서 쓰면 좋습니다.

김치 특공대

최재숙 글 | 김이조 그림 | 책읽는곰

김치는 우리 겨레와 역사를 함께해 온 전통 발효 음식입니다. 실제로 김치는 세계의 여러 발효 음식 중에서 가장 영양소가 풍부하다고 할 수 있어요. 까마득한 옛날부터 우리 겨레의 건강을 지켜 온 김치 특공대가 위험에 빠진 어린이들을 구하기 위해 나섰어요. 김치가 과연 우리 몸에 어떤 변화를 줄지 김치 특공대와 함께 출발해 보세요.

독후감 쓰기 포인트

- 내가 좋아하는 김치의 종류와 그 이유를 동기로 쓰기
- 김치가 몸에 좋은 점 찾아서 쓰기
- 가장 놀라웠던 사실 쓰기
- 김치에 대한 생각의 변화나 느낌 쓰기

「김치 특공대」 독후감

경형과 연결된 동기가 멋지네요.

나만의 제목: 김치 특공대 홧팅~!

오늘은 학교급식에서 달달한 치킨, 된장국, 블루베리 요거트, 김치볶음밥 그리고 깍두기가 나왔다. 다른 건 다 다르게 나오는데 김치는 매일매일 꼭꼭 나온다. 「김치특공대」라는 책을 읽어 보니 매일 김치가 나오는 이유를 알 수 있었다. 바로 바로 김치가 보약이였기 때문이다. 김치를 만드는 재료들은 혼자 있을때 보다 함께를 했을때가 더더더더 좋다. 배추는 피를 맑게 해주고, 무는 비타민도 풍부하고, 고추는 칼칼한 맛도 책임 지고 비린내도 잡아준다. 또한 마늘과 생강은 세균을 무찌르고 감기와 암까지 예방해 준다. 정말 놀라운 사실은 소금이 썩지 않도록 방부제 역할을 해 주고 잘 익은 김치 한병을 안에는 1억 마리가 넘는 젖산균이 들어 있다는 것이였다! 김치는 보면 볼수록 뿌듯한 음식 같다.

새롭게 알게 된 사실을 쓸 때는 조금 더 정리되어 보이도록 첫 번째, 두 번째 하는 식으로 써 보세요.

하나. 지식그림책 읽고 독후감 쓰기

나는 나의 주인

채인선 글 | 안은진 그림 | 토토북

우리는 모두 세상에 단 하나뿐인 주인이고 주인이 되는 것은 참으로 멋진 일이지요. 나는 나의 주인으로서 해야 할 일이 참 많습니다. 나는 나의 주인으로서 지켜야 할 것도 참 많고요. 멋진 주인으로서 꼭 읽어야 할 이야기들이 담긴 책입니다.

독후감 쓰기 포인트

- 책을 읽기 전에 '나는 왜 나의 주인'인지 생각해 보기
- 책에서 말하는 '나는 나의 주인'인 이유 찾아보기
- 주인의 진정한 뜻 찾아보기
- 나는 나의 주인으로서 어떻게 해야 하는지 다짐 쓰기

「나는 나의 주인」 독후감

제목을 지을 때는 꼭 소리 내어 내용을 읽어 본 후 제일 마지막에 지으세요.

나만의 제목: 마음을 다스리자!!!!!!!!!!!!

겨울이 성큼성큼 다가온 오후에 「나는 나의 주인」이라는 책을 읽었다. 제목을 보았더니 왠지 나에게 메세지를 주는 것 같았다. 첫번째 메세지는 나는 내 몸의 주인이기 때문에 내 몸을 지켜야한다. 두번째 메세지는 나는 마음이 하는 말도 잘 들어야 한다. 세번째 메세지는 나는 나의 주인으로서 나를 소중하게 보살펴 주고 스스로를 키워야 한다. 나는 앞으로 정의로운 사람, 친절한 사람이 되기 위해서 마음이 씩씩하게 노력할 것이다. 그리고 내가 무엇을 못하는지 찾아보고 새롭게 배우는 것에 대해 신나는 마음을 가질 것이다. 왜냐하면 나는 나의 주인이니까!!!!!

내가 무엇을 못하는지 쓰고 그것을 위해 어떤 노력을 할 수 있는지 썼다면 더 좋았겠어요. 그러면 15줄은 훌쩍 넘었을 텐데요.

책 제목을 보고 나의 느낀 점을 쓰는 것도 멋진 동기입니다.

내 더위 사려!

박수현 글 | 권문희 그림 | 책읽는곰

오늘은 새해 들어 처음으로 보름달이 뜨는 정월 대보름날이에요. 동이는 엄마 따라 용알을 뜨러 나갔다가 그만… 이웃집 영수한테 더위를 사고 말았어요. 해 뜨기 전에 이 더위를 되팔아야 올여름을 건강하게 날 텐데…. 동이의 더위는 누가 사 줄까요? 동이는 더위를 팔 수 있을까요?

- 제목을 보고 내용 추측해 보기
- '더위 사려!'가 무슨 뜻인지 책에서 찾아 쓰기
- 제일 기억에 남는 사실 쓰기
- 책을 읽고 나서 생각의 변화나 다짐 쓰기

『내 더위 사려!』 독후감

> 책을 읽게 된 동기가 재미나네요.

나만의 제목: 오두 오곡밥 먼저 드셔유

나는 태어나서 단 한번도 더위를 사본적도 팔아본적도 없다. 그런데 동이는 어쩌다가 더위를 샀는지 궁금했다. 『내 더위 사——려!』라는 책을 읽어보니 더위팔기는 정월대보름날 질병을 물리치기 위해 하던 풍속이었다. 정월대보름은 음력 새해 들어 처음으로 보름달이 뜨는 날인데 한 해 농사가 잘되기를 빌며 농사철을 맞이하는 명절이었다고 한다.
새로알게 된 대보름 풍속 중에 소밥주기가 기억에 남았다. 대보름 날 아침 소에게 오곡밥과 나물을 차려주는데 오곡밥을 먼저 먹으면 풍년, 나물을 먼저 먹으면 흉년이 든다고 믿었다고 한다.
나는 정월대보름날 오곡밥을 먼저 먹고 우리가족의 행복 풍년을 빌고싶다.

> 제일 기억에 남는 지식을 뽑아서 쓰는 것도 좋은 방법이에요.

네 글자 세상

손은주 글 | 조선경 그림 | 시공주니어

과유불급, 감개무량, 거두절미…. 한자어로 이루어진 사자성어, 어렵고 재미없나요? 하지만 사자성어는 간결한 네 글자 속에 많은 내용과 깊은 뜻을 담고 있어요. 알면 알수록 흥미롭고 무궁무진한 세계를 열어 주는 언어의 보물 창고라고도 할 수 있습니다.

- 내가 알고 있는 사자성어 생각해 보기
- 가장 기억에 남는 사자성어를 골라 보고, 왜 골랐는지 이유 쓰기
- 나의 좌우명이 될 만한 사자성어를 골라 보고, 왜 골랐는지 이유 쓰기

「네 글자 세상」 독후감

제목을 내용이 궁금해지도록 지으면 더 좋았겠어요.

나만의 제목: 고진감래

좌우명이란 늘 마음에 새겨 두고 가르침으로 삼는 말이라고 한다. 「네 글자 세상」이라는 책을 읽고 좌우명을 정해 보았다. 나는 가끔 문제집 다음장으로 넘어 가지 못할 때 짜증도 나고 포기하고 싶다. 하지만 포기 할 수 없다. 왜냐하면 분명히 이 고비를 넘으면 자유가 있다는 것을 알기 때문이다. 그래서 좌우명을 〈고진감래〉로 정했다. 고진감래는 쓴 것이 다하면 단 것이 온다는 뜻으로 고생 끝에 즐거움이 온다는 것을 의미한다. 개미와 베짱이 이야기에서 개미는 무더위 속에서도 꾹 참고 열심히 일해서 행복한 겨울을 보낼 수 있었다. 만약에 베짱이랑 춤추고 놀았다면 절대로 행복을 맛 볼 수 없었을 것이다. 나도 앞으로 달콤한 행복을 맛 보기 위해 포기 하고 싶을 때 마다 고진감래를 떠 올리며 힘을 내야 겠다.

고진감래라는 사자성어를 좌우명으로 정한 생각이 멋집니다.

밝은 다짐으로 마무리 하니 읽는 사람도 기분이 좋아지네요.

밥이 최고야

김난지 글 | 최나미 그림 | 천개의바람

밥 먹기를 싫어하는 아이들은 밥상머리에 앉는 것부터 전쟁입니다. 밥숟가락을 향해 입을 벌릴 생각조차 하지 않습니다. 밥에 대한 아이의 생각을 긍정적으로 바꾸는 것이 중요한데 과연 아이의 생각을 어떻게 바꿀 수 있을까요? 이 책은 내가 먹는 밥그릇 속 곡식들을 정겨운 친구처럼 만나는 그림책입니다.

독후감 쓰기 포인트

- 나는 오늘 어떤 밥을 먹었는지 쓰기
- 책에서 알게 된 사실을 정리하여 쓰기
- 놀라웠던 사실 뽑아 보기
- 책을 읽고 난 뒤의 다짐이나 생각의 변화 쓰기

「밥이 최고야」 독후감

힘맛 저녁을 먹었다는 표현이 멋지네요.

나만의 제목: 우리는 매일 보약을 먹는다

힘맛 저녁을 먹고난 뒤 〈밥이 최고야〉 라는 책을 읽었다. 나는 오늘 콩밥을 먹었는데 책을 읽어보니 그 콩은 그냥 검은콩이 아니라 서리태 였다. 밥은 보라색이 였는데 그 이유는 바로 흑미가 들어가서 그런 것이였다. 책을 읽으며 정말 놀라서 입이 쩍 벌어진 사실이 두 가지 있었다. 첫 번째, 강낭콩은 색이 여러가지 인데 다람쥐 무늬 같은 색도 있었다. 두 번째는, 두부를 만드는 콩 이름이 두부콩이 아니라 메주콩 이였다는 것이다. 또 메주콩으로 메주를 빚어서 된장과 간장을 담근다고 한다. 왠지 내일은 밥맛이 더 좋을것 같다.

놀라웠던 사실을 이렇게 적어 주니 보는 사람도 더 자세히 읽게 되는 힘이 느껴집니다.

배운다는 건 뭘까?

채인선 글 | 윤봉선 그림 | 미세기

우리는 늘 무언가를 배웁니다. 젓가락질 하는 것도 배우고, 리본 묶는 법도 배우고, 수학 문제 푸는 방법도 배우고, 자전거 타는 법도 배우지요. 그런데 왜 배워야 하는 걸까요? 배우는 것은 중요할까요? 중요하다면 왜 중요할까요? 아마도 책을 읽어 보면 알게 될 거예요.

독후감 쓰기 포인트

- 내가 생각하는 배운다는 것은 무엇인지 생각해 보기
- 책에서 말하는 배운다는 것은 무엇인지 세 가지 찾아보기
- 책을 읽고 나의 다짐 쓰기

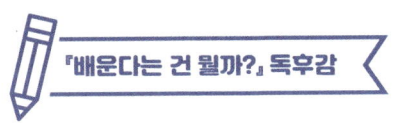
「배운다는 건 뭘까?」 독후감

> 책을 읽기 전에 내용을 추측해 보는 동기가 좋아요.

나만의 제목: 잘 될 거야.

구름 공장에서 뭉우 구름 만드느라 바쁠 때쯤 「배운다는 건 뭘까?」 라는 책을 읽었다. 배운다는 것은 아마도 똑똑해 지는 것이라고 생각했다. 그런데 책을 읽어 보니 배운다는 것은 관찰 하는 것이고, 궁금한 걸 물어보는 것이며 귀기울여 듣고, 책을 읽는 것이다. 마지막으로 해 보고 싶은 것을 따라하고 잘 하고 싶은 것을 따라 하는 것이다. 배운다는 것은 행복한 일이고, 자랑스러운 일이라 생각한다. 앞으로 새롭게 무언가를 배울때 힘이들고 지칠 때도 있겠지만 "잘 될거야!" 하는 믿음으로 끈기 있게 노력해야 겠다.

> 멋진 다짐으로 마무리하니 완벽한 독후감이 되었네요.

세상에서 가장 멋진 내 친구 똥퍼

이은홍 글·그림 | 사계절

친구들은 혹시 '똥퍼'라고 들어 보았나요? 무엇을 하는 사람일까요? "내 친구 똥퍼는 진짜 똥 퍼요. 닭똥, 소똥, 개똥, 말똥 모두 다 퍼요. 땀이 솟아도 싱글벙글 푸고 담고 지고 나르고 내 친구 똥퍼는 진짜 똥 퍼요~." 똥을 푸는 똥퍼를 만나러 가 볼까요?

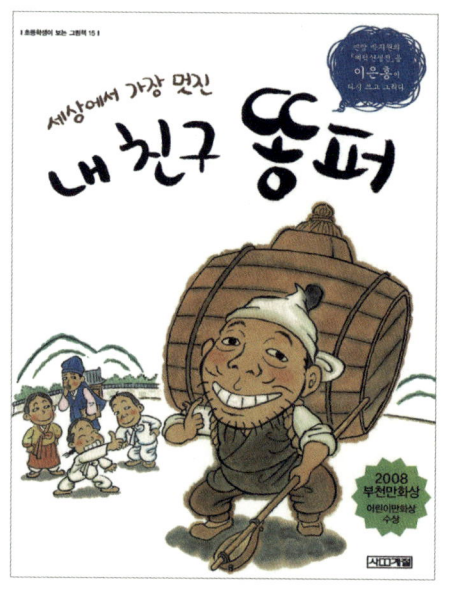

독후감 쓰기 포인트

- 똥퍼가 무엇일까 추측해 보기
- 새롭게 알게 된 사실 쓰기
- 똥퍼에 대한 내 생각 쓰기
- 책에서 가장 기억에 남는 문장 뽑아서 쓰기
- 책을 읽고 나서 생각의 변화나 다짐 쓰기

『세상에서 가장 멋진 내 친구 똥퍼』 독후감

경험과 연결된 동기가 재미나네요.

나만의 제목: 똥퍼 짱!

내가 어젯밤에 똥을 쌌는데 똥에서 아몬드가 쏙! 쏙! 있었다. 웃기기도 하고 신기하기도 했다. 아몬드똥이 어디로 가는지 궁금해서 「내 친구 똥퍼」라는 책을 읽어 보았다. 옛날에는 정화조가 없어서 '똥퍼' 라는 직업이 있었다. 우리가 싼 똥을 치워주고 농부에게 가져다 주는 중요한 사람이다. 농부는 그 똥으로 거름을 만들고, 농사를 지어서 건강하고 싱싱한 쌀이나 야채들을 거둔다. 그 음식들을 우리가 먹고 똥을 싸는 것이다. 가끔 잘 모르고 더럽고 하찮은 직업이라고 생각하는 사람이 있는데 "사람은 누구나 귀하듯이 세상에 귀하지 않은 일은 없다. 다만 누군들 일을 하지 않고 먹고 산다면, 그게 부끄러운 것일 따름이다." 라고 책에서 말해주었는데 나는 이 말이 명언처럼 느껴진다.

기억에 남는 문장을 뽑은 것이 독후감을 빛나게 하는 방법이 되었네요.

주인공 똥퍼에 대해 자세히 설명을 해 주니 이해도 잘 되고 좋아요.

숨 쉬는 항아리

정병락 글 | 박완숙 그림 | 보림

흙은 우리에게 매우 친숙합니다. 어린이들도 놀이터에서 흙 위에 앉아, 만들고 꾸미며 흙과 함께 즐거운 시간을 보내기도 하지요. 이 책은 주변에서 흔히 볼 수 있는 흙이지만 손이 가고 생각이 담기면 얼마나 쓸모 있는 그릇이 되는가 하는 이야기를 담고 있습니다. 그리고 갖가지 형태를 지닌 옹기가 우리 생활에서 얼마나 중요한 역할을 하는지도 보여 줍니다.

- 책을 읽기 전에 왜 숨 쉬는 항아리인지 추측해 보기
- 항아리를 본 적이 있는지 경험 이야기해 보기
- 새롭게 알게 된 사실 정리하기
- 책을 읽고 나서 생각의 변화에 대해 쓰기

『숨 쉬는 항아리』 독후감

제목이 아주 멋져요. 제목을 지을 때는 꼭 소리 내어 읽어 보는 것을 잊지 마세요.

제목: 조상들의 조 환경 지킴 프로젝트

예전에 할머니집에서 항아리에 된장이 들어 있는걸 봤다. 항아리는 숨을 쉰다 했는데 왜 그런지 궁금해서 숨 쉬는 항아리를 읽어 보았다.

책을 보니 믿을수 없을 정도로 놀랍고 신기한 사실을 알게 되었다. 첫번째 항아리에는 공기만 드나드는 작고 미세한 구멍이 있다는 것이고 두번째 그래서 불순물이 항아리에 있으면 밖으로 배출한다. 세번째 항아리는 버려지면 흙으로 돌아가서 환경을 지킬수 있다.

정말 놀라웠던 것은 항아리에 메주와 소금물을 담으면 된장과 간장이 된다는 것이였다.

이런것을 보니 조상들의 지혜가 놀라웠다. 또 나도 앞으로 환경을 위해서 도자기그릇을 사용해야 되겠다는 생각이 들었다.

다짐을 조금 더 구체적으로 써 보세요. 그러면 좀 더 길게 쓸 수 있답니다.

연이네 설맞이

우지영 글 | 윤정주 그림 | 책읽는곰

설날을 생각하면 기분이 어떤가요? 두근두근 온 가족이 함께 준비하는 즐거운 설날! 설빔 짓기, 장보기, 세찬 마련, 대청소, 해지킴…. 분주하고 풍성했던 우리의 전통적인 설맞이 풍경과, 설빔을 기다리는 아이의 설레는 마음을 담은 그림책입니다.

- 책을 읽기 전에 설날에 대한 내 생각이나 느낌 쓰기
- 설날은 어떤 날인지 쓰기
- 새롭게 알게 된 사실 쓰기
- 앞으로 맞이하게 될 설날에 대한 생각의 변화 쓰기

「연이네 설맞이」 독후감

동기에 자기의 경험을 넣으니 정말로 멋진 나만의 동기가 되었네요.

나만의 제목: 한 뼘 더 성장

내 이름은 이나연인데 책제목이 「연이네 설맞이」라고 해서 과연 연이는 설맞이를 어떻게 할지 궁금했다. 나는 설날하면 짭짤하고 고소한 모둠전과 오독오독 밤을 먹을 생각에 행복하고 세뱃돈 받을 생각에 저절로 웃음이 난다. 책을 읽어보니 설날은 새해의 첫날로서 지난 한해를 돌아보고 새로운 해를 계획하기 위해 특별한 잔치를 하는 날이었다. 그래서 설빔도 만들고 떡국을 만들기위해 꿩도 잡고 떡도 치고 재밌는 놀이를 하기위해 윷도 만들고 연도 만들었다. 그리고 대청소도 하고 외양간을 정리하여 묵은해 들어온 잡귀들이 모두 물러가게 했다. 한밤중에는 집 안 곳곳에 대낮처럼 불 밝히고 '해지킴'을 했다. 떡국 한 그릇 먹고 나이 한 살 더 먹고, 떡국 두 그릇 먹고 키 한 뼘 더 크는 연이처럼 나도 키도 한 뼘 크고 생각도 한 뼘 더 크기를 바라본다.

설날에 대해 새롭게 알게 된 지식들을 잘 정리했어요.

다짐을 좀 더 구체적으로 썼으면 어땠을까 하는 아쉬움이 있네요.

지구촌 곳곳에 너의 손길이 필요해

예영 글 | 황유리 그림 | 뜨인돌어린이

지금도 세계 여러 곳에서 고통 받는 친구가 많아요. 배고픔에 허덕이는 아이들, 부당한 노동을 강요받는 친구들의 이야기를 통해 현재 자신의 모습에 대한 감사와 나눔의 필요성을 깨닫게 되는 책이에요. 세계 협력 기구들의 활동 모습뿐 아니라 우리 주변에서 벌이고 있는 다양한 캠페인을 소개함으로써 나눔을 실천할 수 있는 여러 가지 방법을 알려줍니다.

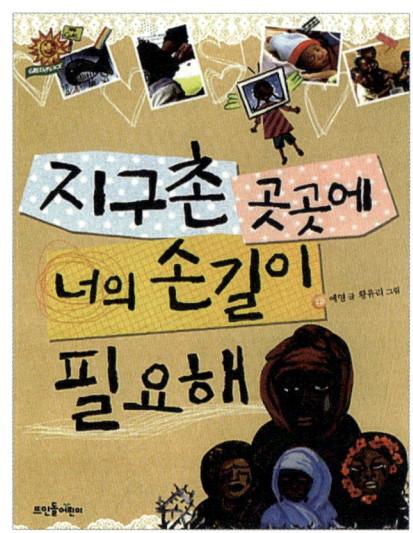

독후감 쓰기 포인트

- 책을 읽기 전에 표지와 제목을 보고 나만의 동기 만들기
- 새롭게 알게 된 지식 정리하기
- 가장 놀라웠던 사실이나 기억에 남는 지식 정리하기
- 새롭게 알게 된 사실들에 대한 내 느낌 쓰기

「지구촌 곳곳에 너의 손길이 필요해」 독후감

> 내용을 쓰기 전에 이렇게 이야기의 결말이나 느낌을 얘기해 주는 방법도 좋습니다. 그럼 그 다음 내용이 궁금해지거든요.

〈꿈은 이루어진다☆〉

「지구촌 곳곳에 너의 손길이 필요해」라는 책을 읽게 되었는데 여러 이야기중에서 "초콜릿 속에 숨겨진 쓰디쓴 진실"이라는 이야기를 골라보았다. 왜냐하면 쓰디쓴 진실이 궁금했기 때문이다. 이 이야기를 읽고 나는 마음이 슬프고 괴로웠다. 코트디부아르 라는 나라의 카카오 농장 이야기 였는데 코트디부아르는 전세계 카카오 생산량의 40%를 차지한다. 그래서 일꾼도 많이 필요한데 문제는 이 일꾼들이 인신매매를 당했거나 팔려온 아이들이었다. 그런데 일을 하루에 12시간씩 하는것도 모자라 밥도 제대로 주지 않고, 조금만 늑장을 부리거나 울면 채찍질을 당했다고 한다. 그래서 이 아이들의 꿈은 하루도 일을하지않는것, 배부르게 한번이라도 먹어보는것, 학교가서 공부하는 것이었다. 정말 불쌍하고 가엾었다. 다행스럽게도 아이들이 꿈을 이룰수 있게 도와준 "세이브 더 칠드런" 단체 덕분에 아이들은 그 지옥을 빠져나올수 있었다. 세이브더칠드런은 전세계의 고통받는 아이들을 위해 힘쓰고 있는 아동구호단체이다. 이런 단체가 있다는것이 감사하고 흐뭇했다.

> 세이브더칠드런이라는 단체에 대해 더 자세히 설명을 해 주어도 좋았겠어요.

쿠키 한 입의 인생 수업

에이미 크루즈 로젠탈 글 | 제인 다이어 그림 | 김지선 옮김 | 책읽는곰

쿠키 한 입에 담긴 따뜻하고 포근한 이야기. 협동과 인내, 자부심과 겸손, 믿음과 성실, 정직과 용기…. 우리 삶에서 가장 소중한 가치를 '쿠키' 이야기에 담아 들려주는 그림책이에요. 우리 같이 책 읽으며 쿠키를 먹어 볼까요?

- 책을 읽기 전에 내가 좋아하는 쿠키가 무엇이고 왜 좋아하는지 이유를 생각해 보기
- 새롭게 알게 된 점 정리하기
- 책이 나에게 뭐라고 말하는지 쓰기
- 책을 읽고 나서 나의 다짐 쓰기

『쿠키 한 입의 인생 수업』 독후감

> 새롭게 알게 된 지식들을 정리할 때는 조금 더 잘 보이도록 첫 번째, 두 번째 하는 식으로 구분해서 써 보세요.

나만의 제목: 쿠키들의 이야기

나는 쿠키 중에서 초코쿠키를 제일 좋아한다. 「쿠키 한입의 인생수업」 책에서도 초코쿠키가 나와서 이야기가 마음에 탁! 와 닿았다. 책에서는 우리가 살아 가면서 꼭 필요한 것들을 이야기 해주었다. 참는다는건, 기다리고 또 기다리는 것이고, 믿음을 준다는 건, 약속을 지키는 것이며, 마음이 넓다는건, 나눌줄 아는 것이고, 마지막으로 정직하다는건 솔직하게 말하는 것이다. 앞으로 나는 정직하게 살고 싶다. 이 책은 나한테 쿠키들이 "넌 정말 멋진 친구가 될 수 있을 거야. 이 책을 좋아해준다면 말이야." 라고 말하는 것 같다.

> 책이 나에게 하는 말을 큰따옴표를 활용해서 쓰니 독후감이 훨씬 더 빛나네요.

투발루에게 수영을 가르칠 걸 그랬어!

유다정 글 | 박재현 그림 | 미래아이

투발루에게 왜 수영을 가르쳐야 할까요? 몇십 년 후면 투발루는 지구에서 완전히 사라진다고 합니다. 지구온난화로 인해 투발루가 가라앉고 있기 때문이죠. 우리가 투발루를 위해 무엇을 할 수 있을까요? 지구온난화의 심각성을 우리 모두에게 이야기하는 슬프고도 아름다운 그림책입니다.

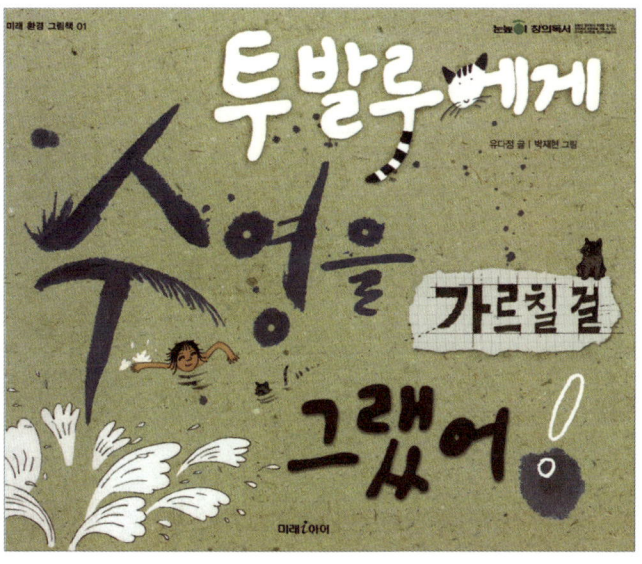

- 투발루가 무엇일까 추측해 보기
- 투발루에게 왜 수영을 가르쳐야 했는지 이유 찾아보기
- 투발루를 위해서 내가 할 수 있는 일 찾아보기
- 책을 읽고 나서 나의 다짐 쓰기

『투발루에게 수영을 가르칠 걸 그랬어!』 독후감

> 내용이 무얼까 궁금해지는 제목이 좋네요.

나만의 제목: 나 하나라도...

『투발루에게 수영을 가르칠 걸 그랬어!』라는 책제목을 보고, 투발루가 도대체 무엇인지 궁금하고, 왜 수영을 가르쳐야 아는지 궁금했다. 책을 읽어보니 투발루는 남태평양에 위치한 작은 섬나라였다. 동시에 투발루에 사는 로자라는 여자아이의 고양이 이름이기도 했다. 그런데 로자에게는 큰 걱정거리가 있었다. 그것은 바로 투발루가 바닷물에 잠기고 있다는 것이었다. 그래서 가족들은 투발루를 떠나야만 했다. 로자는 투발루와 같이 가고 싶었지만 결국 같이 가지 못하고 비행기를 타게 되었다. 로자는 투발루에가서 투발루를 다시 만나고 싶었다. 로자의 이야기를 들어보니 가슴이 아프고 안쓰러웠다. 또 마음이 편하지 않고, 내가 조금이라도 환경을 오염시켰다는 사실이 부끄러웠다.

> 투발루를 위해서 할 수 있는 일을 구체적으로 썼다면 더 좋았겠어요.

틀려도 괜찮아

마키타 신지 글 | 하세가와 토모코 그림 | 유문조 옮김 | 토토북

우린 늘 배우는 중이에요. 그래서 언제나 틀릴 수 있지요. 틀리는 건 나쁜 게 아니에요. 잘못된 것도 아니고요. 틀린 생각을 말해 봐요. 틀린 답을 말해 봐요. 틀려도 괜찮으니까! 틀리는 것 따위 두렵지 않도록 번쩍 손을 들 수 있도록 용기는 주는 책입니다.

- 책 읽기 전에 제목을 보고 내용 추측해 보기
- 틀려도 괜찮은 이유 두 가지 이상 찾아보기
- 앞으로 틀리면 어떤 마음을 가지면 될지 생각해 보기
- 책을 읽고 나서 나의 다짐 쓰기

『틀려도 괜찮아』 독후감

> 눈이 번쩍 떠지는 책이라고 하니 책 내용이 궁금하네요. 멋진 시작입니다.

나만의 제목: 넌 할수 있어.

오후 햇살에 스르르 눈이 감길 때쯤 내눈이 번쩍 떠지는 책이었다. 제목은 『틀려도 괜찮아』였다. 읽기 전에는 속상한 내용일 것 같다. 그런데 읽고나서 용기를 주는 내용이었다. 틀려도 괜찮은 이유는 1. 틀린 답을 함께 생각하며 정답을 찾을수 있기 때문에.
2. 틀려 보아야 자라날수 있기 때문에.
3. 틀리는 것은 나쁜게 아니기 때문에.
나도 틀릴까봐 발표하는 것이 조금은 두렵다. 하지만 앞으로는 누가 틀렸다고 해도 기죽지 말고, 김치를 처음 먹을 때 가졌던 용기를 생각하며 도전해 보아야 겠다.
"도전❤ 넌 할수 있어".

> 나열하는 문장은 1, 2, 3 하는 식으로 숫자로 쓰기보다 첫 번째, 두 번째 하는 식으로 써 보세요.

> 큰따옴표로 생각을 표현하는 방법이 좋습니다.

플라스틱 섬

이명애 글·그림 | 상출판사

인간이 만들어 낸 플라스틱이 바다로 흘러간 후 해류의 영향으로 바다에서 빙빙 돌고 있는 플라스틱 인공섬이 되었다고 합니다. 인공섬은 우리나라 면적의 14배라고 해요. 바다 위를 떠도는 플라스틱 쓰레기들은 바다를 오염시키고 바다 생물을 고통스럽게 하고 있습니다. 그 플라스틱 섬을 함께 만나 볼까요?

- 책을 읽기 전에 내가 사용하고 있는 플라스틱에는 무엇이 있는지 이야기해 보기
- 플라스틱 섬은 어떻게 만들어졌는지 쓰기
- 책을 읽고 놀라웠던 사실 정리하기
- 책을 읽고 나서 나의 다짐 쓰기

「플라스틱 섬」 독후감

책 표지를 유심히 살펴보며 동기를 잘 만들었어요.

나만의 제목: 지옥의 섬

해님이 어디로 갔나 찾고있을 때 쯤 「플라스틱섬」이라는 책을 읽었다. 책 뒤표지를보니 2015년도에 BIB 황금패 수상을 했고 그린 아린레도 상도 받았다고 한다. 상을 왜? 많이 받았는지 궁금했다. 책을 읽어 보니 우리에게 반성을 하게 하고 교훈을 주는 내용이었다. 우리가 쓰는 플라스틱이 섬이 되었고 많은 바다생물들이 아파하고 있었다. '나하나 쯤이야' 라는 생각 보다 '나하나 라도' 라는 생각으로 플라스틱사용 줄이기를 실천해야 겠다는 생각이 들었다. 이제라도 내가 이책을 읽어서 다행스러운 생각이 들었다.

책에서 바다 생물들이 어떻게 아파하고 괴로워하고 있는지 조금 더 자세히 썼다면 좋았겠어요.

행복하다는 건 뭘까?

노경실 글 | 이형진 그림 | 미세기

우리는 모두 행복하기를 바랍니다. 그렇다면 행복이란 무엇일까요? 행복은 큰 것이 아니라 작은 데서 온다는 것을 알고 있나요? 주위에 얼마나 많은 행복이 있는지 다시 한 번 주위를 둘러보게 하는 책입니다.

- 내가 생각하는 행복은 무엇인지 생각해 보기
- 책에서 말하는 행복이 무엇인지 세 가지 찾아보기
- 나는 언제가 제일 행복한지 떠올려 보기
- 행복을 위해 무얼 하고 싶은지 생각해 보기

『행복하다는 건 뭘까?』 독후감

> 내가 생각한 행복을 한 가지 말고 두 가지 정도 써 보세요.

나만의 제목: 행복이란 다시 일어나는 것.

아이들이 눈 난리 신나게 노는 오후에 「행복하다는 건 뭘까?」라는 책에 넘어져 보았다. 내가 생각한 행복이란 엄마가 안아주실때 인것 같다. 그런데 책을 읽어 보니 행복하다는건 마음의 문을 활짝 여는것 이다. 또 좋은건 기록하고 좋지 않은건 지우는 것 이다. 그리고 엄마가 밥을 해주시는걸 고맙다고 말할 수 있는것, 긍정적으로 생각하는 것, 실패 하거나 불합격 해도 다시 일어나서 시작하는것 이다. 나는 앞으로 나의 행복을 위해 실패하더라도 너무 속상해 하지 말고 다시 도전하기 위해 노력할 것이고, 언제나 감사한 마음으로 살것이다.

> 행복을 위한 긍정적인 다짐이 멋져요.

> 책에서 알게 된 지식을 조금 더 자세히 썼으면 15줄은 충분히 쓸 수 있었을 거예요.

7년 동안의 잠

박완서 글 | 김세현 그림 | 어린이작가정신

7년 동안이나 잠을 잔 친구가 있습니다. 7년 동안 잠을 잔 친구는 어떻게 되었을까요? 혼자서는 결코 할 수 없는 것인데, 누군가의 도움으로 기적을 만들어 내는 아름다운 이야기가 담긴 책입니다. 매미가 간직한 7년의 비밀은 과연 무엇일까요?

독후감 쓰기 포인트

- 책 읽기 전에 제목을 보고 내용 추측해 보기
- 새롭게 알게 된 지식 정리하기
- 새로운 지식을 알게 된 나의 느낌 구체적으로 표현하기
- 매미나 개미에게 하고 싶은 말 하기

『7년 동안의 잠』 독후감

> 느낌표에서 얼마나 응원하는지 마음이 느껴지네요. 이렇게 문장부호 활용도 중요하답니다.

나만의 제목: 너를 응원해!!!!!!!!!!!!!

구름이 비만 드는 오후에 「7년 동안의 잠」을 읽었다. 제목을 보고 나는 곰이 7년 동안 잠을 자는 것이라고 생각했다. 그런데 7년 동안 잠을 잔 것은 매미였다. 매미가 7년 동안 잠을 자는 이유는 바로 땅 밖으로 나와서 노래하기 위함이었. 한 철의 노래 부르기 위해서 어둠과 외로움과 싸운 것이다. 하지만 땅이 콘크리트로 뒤덮여서 매미는 땅 위로 올라갈 수 없었다. 그런데 그때 개미들의 도움으로 희망과 삶의 행복 노래하는 기쁨을 얻을 수 있었다. 앞으로 매미들의 노래를 들으면 조금은 안 시러울것 같다. 그래도 응원해 주어야겠다.

> 새롭게 알게 된 지식과 느낌을 함께 쓰니 더 지식이 와 닿는 것 같네요.

둘
인물책 읽고
독후감 쓰기

글쓰기 방향

1 어떤 인물일까 상상해 보기

인물책을 읽기 전에 이 인물이 어떤 사람일지 추측해 보세요. 그 사람의 직업을 생각해 보아도 좋고, 무엇을 좋아한 사람인지 생각해 보아도 좋아요. 인물책은 표지에 많은 정보가 있어요. 표지를 충분히 살펴보고 어떤 사람일지 생각해 보아요.

혹시 내가 이미 알고 있는 사람이라면 모르는 사람에게 소개한다는 마음으로 어떤 사람인지 한 줄 소개를 해 주세요.

★ 『광개토 대왕』 ☞ 어디서 많이 들어 본 이름 같기도 한데 무슨 일을 했는지 잘 모르겠다. 표지를 보니 궁궐에서 일했던 사람 같다.

★ 『헬렌 켈러』 ☞ 책 제목과 표지를 보고는 뭔가 어려움을 극복한 대단한 사람인 것 같다.

2 인물 자세히 소개하기(직업, 성격, 특징)

인물책을 읽고 꼭 해야 할 일은 인물의 소개입니다. 직업은 무엇인지, 어떤 성격이었는지, 특별한 능력은 무엇이었는지 찾아서 인물의 소개를 해 주세요.

★ 『광개토 대왕』 ☞ 진정한 용기와 굳은 의지를 가진 장군이었다. 영웅이라고 불리는데 그 이유는 용기를 뛰어넘는 용감으로 영토를 넓혔기 때문이다. 게다가 마음씨까지 따뜻했던 분이다.

★ 『헬렌 켈러』 ☞ 보이지도 들리지도 말하지도 못하는 장애를 가진 사람이었다. 상상만 해도 답답하고 가슴이 아픈데 헬렌 켈러는 그 장애를 극복하고 여러 사람에게 꿈과 희망을 주었다.

3 인물의 업적 또는 성공할 수 있었던 이유 적기

위인이라면 분명 많은 사람에게 인정받을 수 있었던 이유가 있을 거예요. 업적이라든지 성공한 원인을 찾아서 써 주세요.

4 인물의 장점 찾기

이 인물이 성공하기까지 많은 어려움이 있었을 거예요. 그 어려움을 이겨 낸 인물의 장점을 찾아보세요.

5 본받을 점이나 배울 점 찾아보기

인물의 장점을 찾다 보면 본받을 점이나 배울 점이 생기게 될 거예요. 여러 가지 장점 중에서 나에게 꼭 필요한 장점을 하나 골라 보세요. 고르는 것만으로도 장점을 배우는 첫 번째 계단을 오른 것이나 다름없습니다.

6 명언 찾아보기

인물이 어려움을 극복하며 성공하기까지 뿌리가 되어 주고 힘이 되어 준 깊은 메시지가 있을 것입니다. 인물이 남긴 명언이 있다면 찾아보세요.

★ 헬렌 켈러 ☞ "세상은 고통으로 가득하지만, 그것을 극복하는 사람들로도 가득하다."
★ 김구 ☞ "아는 것이 힘이다."

7 인물의 별명 지어 주기

친구들의 별명을 지을 때 보통 어떻게 하나요? 그 친구의 생김새나 잘하는 것, 특징 등을 살려서 별명을 짓게 되지요. 마찬가지로 인물의 특징과 업적, 장점 등을 잘 합쳐서 별명을 지어 보세요.

8 별명을 제목으로 해 보기

인물책의 제목을 인물의 별명으로 해 보세요.

★ 광개토 대왕 ☞ 만주벌판왕
★ 마틴 루터 킹 ☞ 용기킹

광개토 대왕

이재승·김동훈 글 | 신슬기 그림 | 시공주니어

진정한 용기와 굳은 의지를 가진 영웅 광개토 대왕은 고구려의 힘을 보여 준 위대한 사람이지요. 만주벌판을 달려서 어떻게 대륙을 정복했을까요? 광개토 대왕의 놀라운 이야기 속으로 들어가서 우리 민족의 힘을 느껴 보세요.

독후감 쓰기 포인트

- 고구려를 대표하는 왕으로서 광개토 대왕의 삶은 과연 어땠을지 생각하며 정리하기
- 인물의 행동이나 업적으로 미루어 그 인물의 성격을 파악해 보기
- 인물의 장점이나 본받고 싶은 점 쓰기

「광개토 대왕」 독후감

> 내가 아는 지식 안에서 광개토 대왕에 대해 써 준다면 더 풍부한 동기가 돼요.

나만의 제목: 고담덕을 아느냐?!!!

해님이 쨍쨍하는 오후에 「광개토 대왕」이라는 책을 읽어 보았다.
광개토 대왕은 큰 꿈으로 나라를 넓힌 고구려 19대 왕이다. 그리고 원래 본명은 고담덕인데 나라를 넓혔다고 해서 광개토대왕이라고 불렀다.
광개토 대왕은 고구려를 강한 나라로 만들기 위해 최초로 철 무기를 만들고 영토를 넓히기 위해 힘 썼다. 그리고 결국 고국원왕의 원수를 갚았다. 광개토 대왕은 꿈을 이루기 위해 노력한 용기 있는 사람이었다.
또 태평양처럼 넓은 마음씨로 백제의 항복을 받아준 너그러운 사람임이 틀림 없다.
나는 광개토 대왕의 우물 같이 깊은 용기를 본 받고 싶다.

> 광개토 대왕이 영토를 넓히기 위해 어떻게 힘썼는지 자세히 썼다면 더 좋았겠어요.

김구

이재승·구세민 글 | 율라 그림 | 시공주니어

우리 민족의 수난기였던 일제 강점기와 해방 이후에 우리 민족을 이끌었던 지도자 하면 김구가 떠오릅니다. 그 누구보다 파란만장한 삶을 살면서 오직 나라와 민족을 위한 길을 걸어 온 김구. 오직 나라와 민족을 위해 삶을 바친 지도자 김구. 김구가 어떤 정신으로 살아오며, 어떻게 우리 민족의 지도자가 되었는지 함께 살펴보세요.

독후감 쓰기 포인트

- 책을 읽기 전에 내가 알고 있는 인물에 대해 쓰기
- 책을 읽고 인물에 대해 새롭게 알게 된 사실 찾기
- 인물이 했던 말 중에 인상 깊은 말 찾아보기
- 인물의 별명 지어 보기

「김구」 독후감

> 동기를 경험과 연결 지어 잘 썼습니다. 항상 책을 읽기 전에 책 표지나 제목을 보고 내 경험과 연결 지어 동기를 생각해 보는 습관을 만들어 보세요.

나만의 제목: 아는 것이 힘이다.

내가 아는 김구 선생님은 나라를 엄청 사랑하는 독립운동가 이다. 얼마전 삼일절날 비가 엄청나게 내렸는데 눈물 비 인것 같았다. 왜냐하면 많은 사람들이 독립운동을 하다가 죽은 일 슬픈일이기 때문이다. 김구선생님은 세가지 소원이 있었다. ① 대한 독립이오. ② 우리나라의 독립이오. ③ 마지막 소원은 우리나라 대한의 완전한 자주 독립 이였다. 정말 이 소원 만 봐도 평생을 나라를 위해 살았다는 것을 알 수 있었다. 김구 선생님이 한 말 중에 '아는 것은 힘이다' 라는 말이 가장 기억에 남았다. 나는 앞으로 아는 힘을 키우기 위해 씩씩하고 용기있는 마음으로 공부할 것이다.

> 인물책을 읽은 후에는 이렇게 인물이 남긴 말들을 써 보는 것도 좋습니다.

그림 그리는 아이 김홍도

정하섭 글 | 유진희 그림 | 보림

김홍도 선생님에 대해 아나요? 어릴 적에 장난치기 좋아하는 개구쟁이였어요. 하지만 자신의 꿈을 잃지 않고 늘 소망을 갖고 살았지요. 그 꿈은 그림을 그리는 것이었어요. 그림을 그릴 때만큼은 그렇게 행복할 수가 없었대요. 친구들은 무엇을 할 때 가장 행복한가요?

독후감 쓰기 포인트

- 김홍도의 그림 중에서 알고 있는 것이 있는지, 그 그림은 어떤 기억으로 남아 있는지 동기에 쓰기
- 인물을 자세히 소개하기
- 인물이 꿈을 이루기 위해 했던 노력이 무엇이었는지 쓰기
- 인물의 별명 지어 보기

『그림 그리는 아이 김홍도』 독후감

> 인물의 별명도 멋지고 그 별명을 제목으로 쓴 것도 멋집니다.

나만의 제목: 찰칵! 인간 사진기

'김홍도' 하면 씨름 그림이 떠오른다. 그것은 바로 김홍도가 유명하다는 증거다. 김홍도는 어릴적에 글 공부는 안하고 장난만 치는 최고의 개구쟁이 였다. 그런데 그림을 한참 보고있으면 어느새 그림속에 들어 온것 처럼 꽃냄새도 나고 새 소리도 들렸다고 한다. 아버지의 반대에도 불구하고 김홍도는 조선 시대 최고의 화가가 되었다. 이렇게 바라던 꿈을 이룰수 있었던 이유는 종아리 터지게 맞아도 포기하지 않았고 늘 행복하고 설레는 마음으로 그림을 그렸기 때문일 것이다. 사진기가 없던 옛날의 모습을 이렇게 자세히 그려주셔서 감사하고 뿌듯한 마음이 든다. 그래서 〈인간 사진기〉라는 별명을 지어주고 싶다.

> 인물의 장점을 더 자세히 썼다면 좋았을 텐데 아쉽네요. 인물책을 읽었다면 그 인물의 장점 쓰는 것을 잊지 마세요.

꼴찌, 세계 최고의 신경외과 의사가 되다

그레그 루이스·데보라 쇼 루이스 글 | 이주미·이주영 옮김 | 알라딘북스

신의 손, 벤 카슨 박사 이야기예요. 꼴찌에다 바보라고 놀림 받던 소년이 '신의 손'이라 불리며 세계 최고의 신경외과 의사가 되기까지 어떤 숨은 노력과 과정이 있었을까요? 무엇이 그를 성공하게 만든 걸까요?

- 책을 읽기 전에 표지와 제목을 보고 나만의 동기 만들기
- 인물을 자세히 소개하기
- 인물이 성공할 수 있었던 이유를 찾아 쓰기
- 말의 힘에 대한 내 생각 쓰기

 「꼴찌, 세계 최고의 신경외과 의사가 되다」 독후감

내용이 궁금해지는 제목으로 잘 썼네요.

제목: 용기일까? 포기일까?

꼴찌가 어떻게 세계 최고의 의사가 되었는지 궁금해서 「꼴찌, 세계 최고의 신경외과 의사가 되다」라는 책을 읽어 보았다.

말은 사람에게 여러가지 영향을 준다. 기쁨을 주기도 하고 슬픔을 주기도 하며, 치료약이 될수도 있고 상처가 될수도 있다. 또한 용기가 되기도 하고 포기가 되기도 한다.

'신의 손'이라는 별명의 벤 카슨 이라는 의사가 있었는데, 따돌림을 당하고 꼴찌만 하던 과거와 달리 세계적인 의사가 되었다고 한다. 그 이유는 바로 어머니의 격려와 용기의 한마디 때문이었다.

「말 속에는 크고 놀라운 비밀이 숨겨져 있다」라는 말은 마음을 변화시킬수 있는 힘이라고 생각한다. 나도 사람의 마음을 변화 시킬수 있는 달콤한 말을 하는 사람이 되고 싶다.

벤 카슨이라는 사람에 대해 조금 더 자세히 썼다면 좋았겠어요.

말의 힘에 대해 인용법을 사용하여 자기의 생각을 잘 썼습니다.

나비 박사 석주명에게 배우는 몰입

박현수 글 | 김정혜 그림 | 뜨인돌어린이

석주명은 한평생 나비를 채집하고 연구하며 수많은 논문을 발표했어요. 그 결과 우리나라는 물론 세계적으로 인정받는 나비 박사가 되었어요. 석주명이 이처럼 훌륭한 학자가 될 수 있었던 것은 나비에 대해 집념을 가지고 끊임없이 몰입했기 때문이에요.

- 석주명에 대해 알고 있는 점을 동기에 쓰기
- 인물을 자세히 소개하기
- 인물이 꿈을 이루기 위해 어떤 노력을 했는지 찾기
- 인물의 장점이나 본받고 싶은 점 쓰기

 『나비 박사 석주명에게 배우는 몰입』 독후감

> 인물에 대해 이해가 쏙쏙 되도록 어떤 사람인지, 어쩌다가 나비를 연구하게 되었는지 요약해서 잘 썼어요.

나만의 제목: 반의 반이라도

석주명이라는 사람을 어디서 들어봤는데 도무지 기억이 나지 않아서 「석주명」이라는 책장을 펼쳐보았다. 석주명은 나비를 사랑하는 사람이고 나비밖에 모르는 사람이었다.
석주명이 고등학교 때 곤충채집을 하게 되었는데 비가 와서 모두가 포기했다. 하지만 석주명은 포기 하지 않고 곤충 채집을 했다. 그래서 선생님은 석주명에게 고등학교를 졸업하고 나비를 연구하면 어떻겠냐고 권해주셨다. 그 날부터 석주명은 집념있게 평생 나비만 연구했다. 그랬기에 존경받는 훌륭한 나비 박사가 될 수 있었다. 집념이란 한가지 일에 매달려 마음을 쏟는 것을 말한다. 석주명은 자연을 사랑했기에 집중력과 집념을 기를 수 있었다. 나는 힘들면 포기하는데 석주명의 몰입과 집념을 반의 반이라도 본받고 싶다.

> 몰입에 대해서도 자세히 썼다면 어땠을까 하는 아쉬움이 남습니다.

마틴 루서 킹

이창건 글 | 윤만기 그림 | 효리원

노예 해방이 이루어진 뒤에도 미국에서는 여전히 흑인에 대한 차별이 심했습니다. 버스에는 흑인과 백인이 탈 수 있는 칸이 나누어져 있었고, 공공장소에서조차 흑인들의 출입을 제한하는 간판을 쉽게 찾아볼 수 있었지요. 마틴 루서 킹은 이러한 시기에 흑인들을 위한 인권 운동을 했던 인물입니다. 마틴 루서 킹의 이야기를 통해 우리 주위에 불평등한 대우를 받는 사람들이 있는지 되돌아보고, 사랑의 의미를 생각해 보세요.

독후감 쓰기 포인트

- 책을 읽기 전에 내가 알고 있는 인물에 대해 쓰기
- 인물을 자세히 소개하기
- 가장 인상 깊은 사건 쓰기
- 인물이 인정받을 수 있었던 이유 찾기
- 인물의 장점이나 본받고 싶은 점 쓰기

『마틴 루서 킹』 독후감

인물이 어떤 사람인지 모른다면 어떤 일을 하는 사람일지를 추측해 보는 것도 좋은 동기가 될 수 있습니다.

📖 독서후기 〈용기 킹〉

인물책중에서 「마틴루서킹」이라는 책을 읽게되었다. 표지를 보고 나는 누굴까 궁금했다. 내 생각에는 나라에 관련된 일을 하는 사람 같았다. 책을 읽어보니 마틴루서킹은 무척이나 대단한 사람이었다.
마틴루서 킹은 1929년에 목사의 아들로 태어났는데 백인 친구랑 놀다가 인종차별에 대해서 알게되고, 흑인의 인권을 찾기위해 운동하기 시작했다. 몽고메리에서 어느날 흑인 여성이 버스에서 백인에게 자리를 양보하지 않아 감옥에 갇힌 사건이 있었는데 마틴루터 킹이 이사건을 시작으로 흑인의 자유와 평등을 위해 노력하고 힘쓰기 시작했다. 나는 이 사건 이야기를 듣고 화도나고 어이도 없고 백인들이 이해가 되지 않았다. 결국 포기하지 않고, 끝까지 노력한 결과 흑인을 차별하지 않는 법이 만들어지게 되었고 마틴루서 킹은 노벨평화상 까지 받게되었다. 안타깝게 서른아홉살에 총에 맞아 죽었지만 많은 사람들은 마틴루서 킹의 따뜻한 마음과 사랑의 힘을 기억하고 있다고 한다. 누구보다 용기 있었던 마틴루서 킹으로 인해 세계가 평화를 선물받지 않았나 하는 생각이 들었다.

주인공이 겪은 사건에 자기의 느낌을 솔직하게 잘 표현했어요.

인물의 장점 중에서 나에게 무엇이 필요한가 생각해 보고 본받을 점과 다짐을 쓰면 더 좋았겠어요.

빈센트 반 고흐

루시 브라운리지 글 | 에디트 카롱 그림 | 최혜진 옮김 | 책읽는곰

고흐는 자신을 둘러싼 세상을 알고 싶어 했고, 오롯이 그림에 담아내고 싶어 했던 화가예요. 황금빛 들판이 넘실대고 나뭇잎이 팔랑거리는 「삼나무가 있는 밀밭」, 아름다운 밤하늘이 소용돌이치는 「별이 빛나는 밤에」, 태양처럼 강렬한 생명력을 뿜어내는 「해바라기」에 이르기까지 화가의 삶과 꿈이 담긴 대표작들을 통해 진정한 빈센트 반 고흐를 만나 보세요.

독후감 쓰기 포인트

- 빈센트 반 고흐의 작품을 본 적이 있는지 생각해 보기
- 인물을 자세히 소개하기
- 빈센트 반 고흐의 작품에 대한 느낌 쓰기
- 인물의 장점이나 본받고 싶은 점 쓰기

『빈센트 반 고흐』 독후감

> 경험과 관련지어서 인물에 대해 궁금증을 가진 동기를 쓰니 길게도 쓸 수 있고 멋진 동기도 되었네요.

나만의 제목: 그림 속 안의 우체부 아저씨

예전에 빈센트 반 고흐의 '별이 빛나는 밤에'라는 작품을 본 적이 있었다. 그 그림은 신비롭고 아름다워서 빈센트 반고흐가 어떤 사람인지 궁금했다. 「빈센트 반고흐」라는 책을 보니 고흐는 남의 슬픔과 괴로움을 달래주기 위해 그림을 많이 그렸다고 한다. 하지만 고흐가 살아있는 동안에는 많은 사랑을 받지 못했다. 그리고 내가 아름답다고 느낀 '별이 빛나는 밤에'는 고흐가 가장 암울한 시기에 그린 그림이라고 한다. 마음의 병이 있었지만 끝까지 노력하고 그림으로 많은 위로를 주려고 했던 모습이 감동적이었다. 고흐의 작품은 오랜 시간이 지나서야 사랑을 받게 되었는데 아마도 남들과는 다르게 특별했던 스타일과 그림이 살아 숨쉬는 듯한 이유 때문일 것 같았다. 또 그림속에 우체부 아저씨가 있어서 사람들에게 사랑도 전달해 주고, 희망도 전달해 주고, 위로도 전달해 준 것 같다.

> 인물의 작품에 대한 느낌을 잘 표현했어요.

> 인물에게서 본받고 싶은 점이 무엇인지를 쓰는 것도 좋습니다.

신사임당

이재승·공은혜 글 | 손영경 그림 | 시공주니어

조선 시대에는 여성들이 사회 진출을 할 수 없었던 것은 물론 집 밖으로 나가기조차 쉽지 않았습니다. 그러나 신사임당에게는 주변의 자연과 생명의 세계를 주의 깊게 관찰하는 재주가 있었고, 이를 화폭에 옮기고자 하는 열정이 있었습니다. 생명과 자연을 사랑한 예술가 신사임당을 만나 보세요.

독후감 쓰기 포인트

- 책을 읽기 전에 내가 알고 있는 인물에 대해 쓰기
- 책을 읽고 내가 알고 있던 사실과 다른 점 찾기
- 책을 읽고 인물에 대해 새롭게 알게 된 사실 찾기
- 인물의 장점이나 본받고 싶은 점 쓰기

『신사임당』 독후감

> 제목을 보니 오 만 원짜리 지폐를 다시 보고 싶은 마음도 들고 인상 깊네요.

나만의 제목: 빛이나는 5만원

하늘 꼭때기 해님 혼자 놀이터를 점령할때쯤 "그림 그리는 어머니 신사임당"이라는 책을 읽게 되었다.
나는 신사임당을 그림을 진짜 같이 잘 그리는 사람이라고 알고있다. 그런데 책을 읽어보니 진짜로 그림을 잘그렸다. 그림뿐만 아니라 글도 잘쓰고, 자수 실력도 좋았다고 한다.
신사임당이 많은 사람들한테 인정 받을수 있었던 이유는 효심이 가득하고, 예의도 바랐으며 마음이 고운 사람이였기 때문이다.
나는 신사임당을 5만원에서 많이 보았는데 앞으로는 5만원을 빛나게 볼 것 같다. 그리고 신사임당의 넓고 고운 마음과 따뜻한 희생 정신을 본받고 싶다.
그래서 내가 지어본 신사임당의 별명은 '만능임당' 이다.

> 인물의 별명을 재미나게 잘 지었네요. 인물책을 읽고 인물의 별명을 지어 보는 활동은 인물을 아는 데 많은 도움이 됩니다.

이순신

김병규 글 | 이태호 그림 | 효리원

왜군과 23번 싸워 23번 이긴 불멸의 명장 이순신을 모르는 사람은 없지요? 이순신은 세 차례나 벼슬에서 쫓겨났지만 끝까지 나라를 위해 싸웠던 불굴의 의지를 가진 인물이며 13척의 배로 일본 배 133척을 격파한 영웅이지요. 이순신의 진정한 용기와 불타는 애국심의 현장으로 떠나 보세요.

독후감 쓰기 포인트

- 어떻게 13척의 배로 승리를 할 수 있었는지 자세히 알아보기
- 가장 기억에 남는 사건 정리하기
- 인물의 행동이나 업적으로 미루어 그 인물의 성격 파악해 보기
- 인물의 장점이나 본받고 싶은 점 쓰기

『이순신』 독후감

「한국을 빛낸 100명의 위인들」 노래에서 들었던 경험을 쓰니 동기가 더 빛나네요.

나만의 제목: 준비 부자

〈한국을 빛낸 100명의 위인들〉 노래에서 '나라구한 이순신' 이라는 가사가 나온다.
이순신이 어떻게 나라를 구했는지 궁금해서 책을 읽어 보았다.
이순신은 임진왜란에서 우리 나라를 지켜낸 조선의 장군이다. 이순신은 거북선을 만들어서 왜군들을 물리치고 노량 대첩, 한산대첩, 옥포해전, 명량대첩에서 승리를 거두었다.
이렇게 승리할 수 있었던 이유는 이순신의 불타는 애국심과, 철저한 준비성과 노력, 그리고 희망 덕분이었다.
앞으로 나는 이순신 장군처럼 꼼꼼하고 철저하게 준비해서 기회를 잡는 사람이 되고 싶다.

이순신의 장점이 언제 더 돋보였는지 구체적으로 썼다면 더 좋았겠어요. 그러면 자동으로 15줄이 되었을 텐데 조금 아쉽네요.

유관순

이재승·조지민 글 | 박정은 그림 | 시공주니어

'유관순' 하면 자연스럽게 3·1운동을 떠올리게 됩니다. 어린 소녀가 만세를 외치며 민족의 독립을 위해 애썼던 모습만을 기억하지만, 유관순은 20년도 되지 않는 짧은 삶 속에서 더 많은 것을 우리에게 남겨 주었어요. 온몸으로 나라를 사랑한 여성 독립운동가 유관순의 삶 속으로 들어가 보세요.

독후감 쓰기 포인트

- 책을 읽기 전에 내가 알고 있는 인물에 대해 쓰기
- 책을 읽고 내가 알고 있던 사실과 다른 점 찾기
- 책을 읽고 인물에 대해 새롭게 알게 된 사실 찾기
- 인물의 장점이나 본받고 싶은 점 쓰기
- 인물의 별명 지어 보기

 『유관순』 독후감

유관순이라는 인물에 대해 자세하게 설명하고 장점도 잘 썼어요.

나만의 제목: 용기순

내가 아는 유관순은 독립운동가로서 열심히 나라를 위해 힘쓰다가 슬픈 삶을 살았다. 그런데 책을 읽어보니 너무나 어린 나이에 힘들게 살았고 불쌍했다. 유관순은 1902 12월 16일 천안에서 태어났다. 유관순의 아버지는 여자들도 배워서 나라의 일꾼이 되어야 한다고 했다. 그래서 유관순은 열심히 신학문을 공부하고 글을 가르치기도 했다. 유관순의 장점은 놀라운 지혜와 용기 그리고 굳은 신념이다. 1920년 9월 28일 나라를 구하려고 죽음을 무릅쓰고 독립 만세를 부르던 유관순은 열 아홉에 감옥에서 차갑게 식어버리고 말았다. 유관순의 이야기를 다시 한번 읽어보니 가슴이 뭉클하고 먹먹했다. 그리고 유관순의 도전정신에 나도 용기가 샘 솟는 것 같았다. 그래서 내가 지은 유관순의 별명은 〈용기순〉이다.

글에 느낌을 더해 주니 더 멋진 독후감이 되었어요. '가슴이 뭉클하고 먹먹했다.'는 부분이 인상 깊네요. 별명도 정말 잘 지었어요.

이태석

박현숙 글 | 윤만기 그림 | 효리원

아프리카에는 가난 때문에 국민들이 힘들게 살아가고 있는 나라가 많아요. 그중에서도 수단이라는 나라의 작은 마을 톤즈는 오랜 전쟁으로 폐허가 된 곳이지요. 이태석 신부님 그곳에서 봉사 활동을 하며 사랑을 전한 분이에요. 톤즈 마을을 울린 이태석 신부님의 이야기를 들어 보세요.

독후감 쓰기 포인트

- 책을 읽기 전에 내가 알고 있는 인물에 대해 쓰기
- 인물을 자세히 소개하기
- 인물이 인정받을 수 있었던 이유는 무엇이었는지 쓰기
- 인물의 장점이나 본받고 싶은 점 쓰기

『이태석』 독후감

이태석이라는 인물을 자세히 설명해 주니 잘 모르는 사람도 이해가 쏙쏙 되겠네요.

나만의 제목: 톤즈의 희망

햇님도 바람도 가을이 왔다고 살랑 솔솔 노래하는 아침에 내가 제일 좋아하는 「이태석」신부님 책을 읽었다. 이태석 신부님은 재미난 사람, 늘 웃는 사람이었고 신부님이자 의사였다. 이태석 신부님은 남수단 톤즈에서 8년 있었는데 8년동안 톤즈를 빛나게 해 주었다. 한센병 환자들에게는 신발도 만들어 주고 밤을 새면서 콜레라 환자들을 돌보아 주었다. 또 학교를 지어서 아이들이 공부하고 꿈을 이룰수 있게 도와주었다. 나는 이태석 신부님의 미소와 겸손을 본 받고 싶다.

톤즈에서 있었던 일들을 조금 더 자세히 쓰고 내 느낌까지 썼다면 15줄은 뚝딱 썼을 것 같아요.

장기려

고정욱 글 | 원유일 그림 | 뜨인돌어린이

"제게 의사가 되는 것을 허락하신다면 평생 가난한 환자들을 위해 바치겠습니다!" 6·25 전쟁으로 신음하는 부상자들을 보고 장기려는 의사로서의 첫 맹세를 되새겼어요. 어떤 어려움과 위험이 있다 해도 의사의 본분을 다할 것이라고 말이에요. 그렇게 한결같은 마음으로 한평생 희생과 봉사의 삶을 살아간 장기려 선생님 이야기를 들어 보세요.

독후감 쓰기 포인트

- 책을 읽기 전에 최근에 의사 선생님을 만난 일이 있다면 그 경험 쓰기
- 인물을 자세히 소개하기
- 인물의 업적 쓰기
- 인물의 장점이나 본받고 싶은 점 쓰기

「장기려」 독후감

동기는 이 책을 왜 읽게 되었는지 쓰는 것인데 최근에 자신이 경험한 일과 잘 연결해서 썼네요.

나만의 제목: 천사 같은 사람

얼마 전에 나는 눈수술을 했다. 떨리고 무서웠지만 무사히 수술이 끝났다. 그래서 의사선생님께 감사한 마음이 들었다. 그런데 정말로 대단한 의사선생님이 있었다. 바로 이 땅에 참사랑을 남기고간 '장기려' 선생님이다. 장기려 선생님은 평생 가난한 사람들을 위해 나누고 베풀며 살았다. 또 가난한 사람들도 돈 걱정 없이 치료 받을 수 있도록 의료보험조합도 만들었다. 내 생각에는 장기려 선생님 마음 속에 천사가 있는 것 같다. 그리고 따뜻한 마음을 본 받아서 나도 천사같이 따뜻한 마음을 가진 사람이 되고싶다.

마무리를 쓸 때는 이렇게 인물에게서 본받을 점을 찾아서 다짐으로 정리하면 정말 보람 있는 독후감이 돼요.

헬렌 켈러

이상교 글 | 이은복 그림 | 효리원

만약 여러분이 앞을 보지 못하거나 소리를 들을 수 없다면 어떤 기분일까요? 칠흑 같은 어둠 속에 혼자 남겨진 것 같아 무섭고 답답할 거예요. 미국의 사회사업가이자 작가인 헬렌 켈러는 태어난 지 19개월 만에 보지도, 듣지도, 말하지도 못하는 장애를 갖게 되었습니다. 하지만 주어진 운명 앞에 절망하지 않고 장애를 극복하기 위해 끊임없이 노력했을 뿐 아니라 온갖 어려움을 이겨 내고 꿈을 이루었습니다.

독후감 쓰기 포인트

- 책을 읽기 전에 내가 알고 있는 인물에 대해 쓰기
- 인물을 자세히 소개하기
- 인물이 인정받을 수 있었던 이유 찾기
- 인물의 장점이나 본받고 싶은 점 쓰기

「헬렌 켈러」 독후감

> 책을 읽고 정말 중요하게 느낀 메시지를 제목으로 쓰는 것도 정말 좋은 제목 쓰기 방법이에요.

나만의 제목: 중요한 것은 마음으로 본다!

구름이 점심을 먹고 간식을 먹을때쯤 「헬렌켈러」라는 책에 빠져 보았다. 헬렌켈러는 보이지 않고, 들리지 않는 사람이며, 미국에서 사회 사업가로써 많은 사람들에게 희망을 주기 위해 노력했던 사람이다. 이런 장애가 있었던 것도 불구하고 많은 사람들에게 인정 받을수 있었던 이유는 장애를 극복하고, 몸이 불편한 사람들을 위해서 힘이 될수 있게 노력했기 때문이다. 본인도 살아가기 힘들었을 텐데 남을 위해 노력했다는 것이 믿을수 없을 정도로 신기롭고 위대했다. 헬렌켈러가 이렇게 위대한 사람이 될수 있었던 이유는 앤 설리번 선생님의 포기하지 않았던 끈기 있는 마음이 있었기 때문이다. 나는 이 이야기를 듣고 앞으로 어려운 일이 있어도 포기하지 않는 사람이 될 거라고 결심했다.

> 인물책을 읽고 독후감을 쓸 때는 인물의 업적이나 성공할 수 있었던 이유, 또는 인정받을 수 있었던 이유를 쓰면 좋아요. 그러면 그 인물을 더 잘 이해할 수 있거든요. 위대한 인물이 될 수 있었던 이유까지 쓰니 멋진 인물 독후감이 완성되었네요.

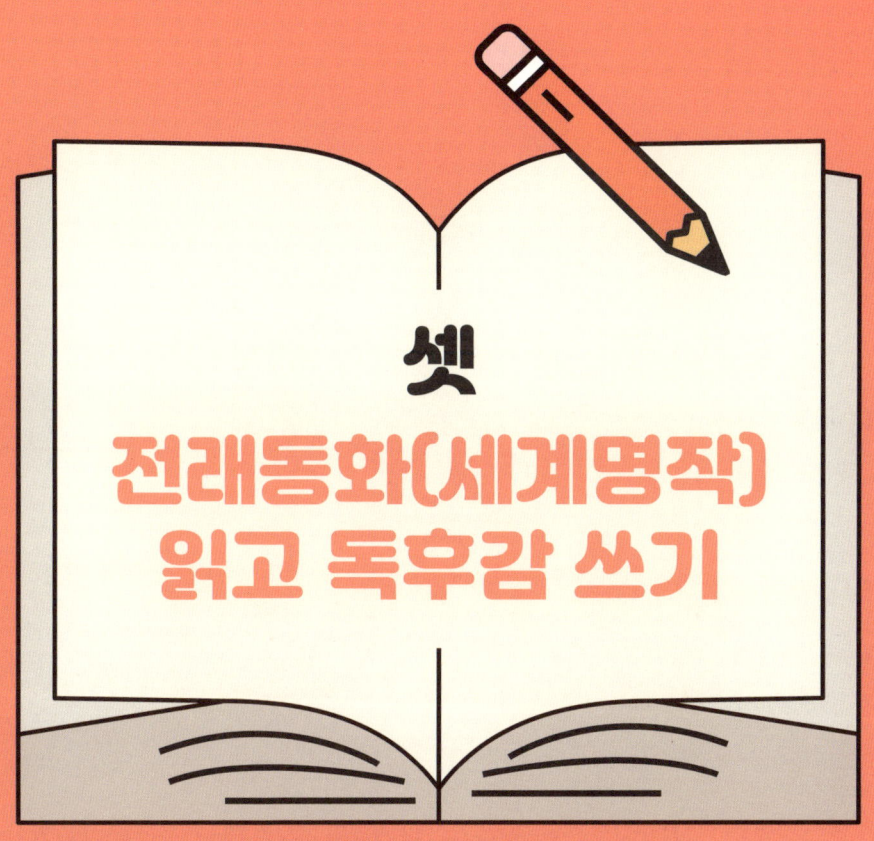

글쓰기 방향

1 동기 쓰기

동기는 책을 읽기 전에 쓰는 거예요. 책장을 넘기기 전에 이 책을 넘겨야 할 이유를 만들어 보세요. 제목이나 표지를 보고 궁금한 점을 찾아도 좋고, 내 느낌을 적어도 좋고, 내 생각을 적어도 좋아요.

★ 『소똥 밟은 호랑이』 ☞ 호랑이가 왜 소똥을 밟았고, 소똥을 밟고 어떻게 되었는지 궁금해서 이 책을 읽게 되었다.

2 내용 정리(요약)

주인공이 있는 이야기는 6동 법칙을 활용해서 요약해 보세요. 우선 동그라미 여섯 개를 그립니다. 그리고 그 동그라미 안에 간단히 내용을 써 보세요.

3 교훈 찾기

전래동화나 명작은 우리에게 주는 교훈이 있습니다. 그 교훈이 무엇인지 찾아보세요. 교훈이란 우리가 더 나은 미래를 준비할 수 있도록 알려 주는 가르침이라고 할 수 있어요.

4 연관된 속담 찾기

이야기를 읽고 연결되는 속담을 찾아보세요. 속담을 인용하면 그 글은 더 빛날 거예요. 인용법은 속담이나 명언, 격언 등을 인용하여 글이 더 강조되거나 빛나게 해 주는 수사법을 말해요.

5 느낌 쓰기

보통 느낌을 쓸 때 제일 마지막에 쓰는 경우가 많은데, 내용 중간 중간에 느낌을 쓰는 것도 좋아요. 이때는 구체적인 상황과 함께 느낌을 쓰세요. 구체적인 느낌을 표현할 수 있을뿐더러 길게 쓰는 방법입니다.

★ 감동적이었다. ☞ 행복한 왕자와 제비가 자기를 희생하면서까지 사람들을 도와주는 장면은 가슴이 뭉클하기도 하고 감동적이었다.(『행복한 왕자』)

★ 재미있었다. ☞ 멸치가 화가 나서 가자미의 뺨을 때리는 장면은 가자미에게 진짜 미안하지만 웃기고 재미있었다.(『멸치 대왕의 꿈』)

★ 화가 났다. ☞ 반쪽이의 형들이 반쪽이를 놀릴 때는 진짜 내가 화가 나서 머리에서 연기가 날 정도였다.(『반쪽이』)

6 생각의 변화나 다짐 쓰기

느낌까지 썼다고 독후감이 끝난 것이 아닙니다. 생각의 변화를 써 주어야 마무리가 됩니다. 생각의 변화는 책을 읽기 전과 읽고 난 후의 내 생각의 변화를 말합니다. 분명 책 읽기 전과 후는 다를 거예요. 그 생각을 써 줍니다. 이때는 다짐을 써도 좋고 반성을 써도 좋습니다.

7 제목 짓기

제목 짓기의 포인트는 궁금증 유발입니다. 내용이 궁금해지게 짓는 거예요. 주인공의 별명, 가장 기억에 남는 문장, 대사를 제목으로 해도 좋습니다.

★ 소가 된 게으름뱅이 ☞ 무를 먹으면 안 돼!

★ 말하는 남생이 ☞ 앵무새 남생이

★ 브레멘 음악대 ☞ 희망 음악대

나무 그늘을 산 총각

권규헌 글 | 김예린 그림 | 봄별

혹시 친구들은 말도 안 되는 것에 욕심을 부려 본 적이 있나요? 여기 정말 말도 안 되는 심술쟁이에 욕심이 가득한 영감이 있습니다. 어느 마을에 커다란 느티나무가 있었는데, 글쎄 그 나무 그늘에 주인이 있다지 뭐예요. 나무 그늘의 주인이 누구인지 지금부터 함께 알아볼까요?

독후감 쓰기 포인트

- 표지나 제목을 보고 내 느낌이나 생각 적기
- 인상 깊은 장면 정리하기
- 내가 주인공이라면 어떻게 했을지 생각해 보기
- 책을 읽고 얻은 교훈 쓰기

「나무 그늘을 산 총각」 독후감

> 이미 알고 있는 내용이지만 '어떨까' 하는 마음을 쓴 부분이 멋진 동기가 되었네요.

나만의 제목: 나무 그늘이 얼마나 시원하길래?

따스한 햇볕과 서늘한 바람이 만나는 오후에 「나무 그늘을 산 총각」이라는 책을 읽었다. 나는 다 아는 내용이라서 기대 없는 마음으로 책장을 펼쳤다. 그런데 읽어 보니 옛날에는 느끼지 못했던 교훈을 느꼈다. 주인공은 지혜로운 총각이였는데 길을 가다가 느티나무 그늘에서 쉬다 잠이 들어 버렸다. 그러다 옆에서 같이 자고 있던 부자영감이 일어나 자기 그늘이라 하며 총각을 그늘에서 나가게 했다. 그런데 총각이 10냥으로 그늘을 샀다. 그러자 부자영감이 웃기는 척 그늘을 팔았다. 그리고 며칠 후 그늘이 부자 영감의 안방까지 들어가서 총각은 그늘을 따라 사람들 불러 같이 들어 갔다. 그러자 더 이상은 못 참은 영감은 결국 이사를 갔다. 그 기와집과 그늘은 도둑의 쉼터가 되었다. 이 책을 읽고 내가 느낀 교훈은 무엇을 살 때에는 신중하게 생각하고 사야 한다는 것이다.

> 책을 읽고 이전에는 알지 못했던 교훈을 느꼈다니 멋진 소감입니다.

> 책에서 얻은 교훈 쓰기도 좋은 마무리입니다. 전래동화를 읽고 나서는 연관되는 속담이나 교훈을 찾아보면 내용이 훨씬 풍부해지고 길게 쓸 수 있습니다.

마지막 잎새

오 헨리 글 | 강정규 엮음 | 효리원

폐렴에 걸려 삶에 대한 희망을 포기한 존시, 그리고 존시를 위해 밤새 비가 오는데도 담쟁이 잎을 그린 늙은 화가 베어만 할아버지. 가난한 화가들이 전해 주는 가슴 뭉클하고도 따스한 이야기입니다. 과연 마지막 잎새는 어떻게 되었을까요?

- 작가 오 헨리에 대해 알아보기
- 주인공에게 일어난 일들을 시간의 흐름대로 요약해서 쓰기
- 가장 인상 깊었던 장면 뽑아서 쓰기
- 베어만 할아지의 희생에 대한 내 생각 쓰기

『마지막 잎새』 독후감

오 헨리라는 작가에 대해서 간단하게라도 썼다면 더 좋았겠어요.

나만의 제목: 화가의 희생정신

뭉글뭉글 구름이 내 머리 위에서 그늘 만들어 주는 저녁에 「마지막 잎새」라는 책을 읽었다. 선생님께서는 오헨리의 가장 대표적인 작품이 「마지막 잎새」라고하셨다. 주인공은 화가마을에 사는 존시와 수우가 있는데 존시가 폐렴에 걸렸다. 존시는 폐렴이 걸독 나을 가망도 없고 살고싶은 마음도 없었다. 나는 존시가 너무 가엽고 불쌍했다. 게다가 존시는 창밖만 이프면서 바라보며 죽기만을 기다렸다. 아마도 존시의친구 수우는 조마조마하고 걱정되었을것 같다. 그때 마침 존시의 소식을 들은 베어만 할아버지는 담 벼락에 「마지막 잎새를 그려주었다. 존시는 잎새 덕분에 희망을 가지고 살아났지만 안타깝게도 베어만 할아버지는 폐렴으로 눈지게 다리를 건너셨다. 나는 이책을보고 베어만 할아버지가 왜 다 걸렸으면 존시가 희망을 가졌을지 궁금했다. 꿈 나라면 나몰라라 하고 나만 잘되면 되지뭐 라고 마음먹을수도 있었는데 자신의 몸을 희생하면서 까지 그림을그린 화가의 정신에 감격스럽고 뭉클했다.

베어만 할아버지의 행동에 '나라면 어땠을까?' 생각해 보며 쓰니 멋진 표현이 되었네요. 내 느낌을 쓸 때는 '내가 만약 주인공이라면 어땠을까?'처럼 입장 대입해 보기 방법도 좋습니다.

말하는 남생이

이용포 글 | 홍선주 그림 | 시공주니어

세상에 말하는 남생이가 있다면 어떨까요? 얼마나 신기할까요? 하지만 이렇게 신기하다고 이 남생이를 이용해 마음대로 돈을 벌려고 한다면 분명 그 대가를 치르게 될 거예요. 행복한 삶을 위해서는 무엇이 필요한지 중요한 깨달음을 주는 옛이야기입니다.

독후감 쓰기 포인트

- 표지나 제목을 보고 내 느낌이나 생각 쓰기
- 인상 깊은 장면 정리하기
- 나에게 말하는 남생이가 있다면 어떻게 할까 상상해 보기
- 책을 읽고 얻은 교훈 쓰기

「말하는 남생이」 독후감

나만의 제목: 마술사 남생이

해님이 열심히 일하는 오후에 「말하는 남생이」라는 책을 읽었다. 옛날 어느 마을에 욕심쟁이 형과 착한 동생이 살았다. 어느날 동생이 나무를 하다가 남생이를 발견 했다. 그런데 그 남생이 말을 따라 하는 남생이 였다. 정말 신기해, 마술 같았다. 그 남생이로 동생은 부자가 되었다. 하지만 형은 욕심을 부려서 남생이도 죽게되고, 거지가 되었다. 난 이야기를 읽고 두가지 교훈을 얻게 되었다. 첫 번 째는 〈욕심을 부리지 말자.〉 두 번 째는 〈생명을 소중히 여기자.〉 이다.

책을 읽고 교훈을 두 가지나 얻었다니 이 책을 정말 읽어 보고 싶네요.

마무리로 교훈에 따른 나의 다짐도 썼다면 더 좋았겠어요.

브레멘 음악대

그림 형제 글 | 한스 피셔 그림 | 문성원 옮김 | 시공주니어

버려진 동물들이 벌이는 신나는 이야기예요. 음악을 좋아하는 늙은 당나귀가 브레멘을 향해 길을 나섰어요. 가던 중에 사냥개, 고양이, 닭도 함께 음악대를 만들려고 따라나섰어요. 그런데 동물들이 그만 도둑을 만나고 말았어요. 과연 동물들은 어떻게 도둑을 쫓아낼까요?

- 표지나 제목을 보고 동기 만들기 또는 내가 알고 있는 브레맨 음악대에 대해 쓰기
- 브레맨 음악대가 누구인지 소개하기
- 브레맨 음악대가 도둑을 물리칠 수 있었던 이유 찾아보기
- 책에서 얻은 교훈이나 메시지 쓰기

『브레맨 음악대』 독후감

제목만 봐도 미소가 지어지네요. 행복한 마음으로 독후감을 읽게 돼요.

나만의 제목: 희망은 행복이야!

말랑이를 먹으며 TV를 보다가 갑자기 「브레멘음악대」책이 생각났다. 브레멘 음악대는 당나귀, 사냥개, 고양이, 수탉 이었다. 이 친구들은 늙고 힘없다며 주인에게 버림받았다. 하지만 서로 협동해서 도둑들도 쫓아내고 Good 오두막도 얻었다! 이때 이 친구들이 용감해 보이고 자랑스러웠다. 희망을 버리지 않으면 못하는게 없다고 생각한다. 또 「브레멘 음악대」의 용기를 보니 나도 앞으로 무슨 일이든 희망을 가지고 용기내어 도전해야 겠다는 생각이 들었다.

희망찬 다짐이 멋집니다. 그런데 도무지 용기가 나지 않아서 도전하지 못하는 일을 썼다면 아마 15줄을 훌쩍 넘었겠죠?

사윗감을 찾아 나선 쥐

김양순 엮음 | 김복태 그림 | 계림북스

예쁜 딸을 둔 쥐 부부는 세상에서 가장 힘센 사위를 얻으려고 합니다. 제일 먼저 해를 찾아갔더니, 해보다 구름이 더 힘이 세대요. 그래서 구름을 찾아갔더니 바람이 더 힘이 세다는군요. 이 세상에서 가장 힘이 센 건 도대체 누구일까요?

독후감 쓰기 포인트

- 표지나 제목을 보고 내 느낌이나 생각 쓰기
- 시간의 흐름에 따라 내용 정리하기
- 주인공에게 어떤 일이 있었는지 쓰기
- 이야기에 어울리는 속담 찾기

「사윗감을 찾아 나선 쥐」 독후감

> 나는 어떤 사람이랑 결혼하고 싶은지를 동기로 쓰니 정말 빛나는 동기가 되었네요.

나만의 제목: 등잔 밑이 어둡다.

과연 어떤 사윗감을 만나게 될지 궁금해서 「사윗감을 찾아나선 쥐」를 읽게 되었다. 나는 얼굴은 조금 못생겨도 마음이 따뜻한 사람이랑 결혼하고 싶다. 그런데 책에서는 아빠쥐랑 엄마쥐가 힘이 가장 센 사위를 원했다. 옛날 어느 산골에 쥐가족이 살았는데 딸 쥐가 시집갈 나이가 되자 세상에서 가장 힘센 사위를 찾아 나선 것이다. 하지만 해남도, 구름도, 바람도, 돌부처도 가장 힘이 세지 않았다. 가장 힘이 센건 바로 쥐였다. 결국 딸 쥐는 총각 쥐랑 결혼하게 되었다. 정말 다행스럽다. 돌부처랑 결혼했더라면 정말 황당했을것 같다. 이 이야기를 읽어보니 '등잔 밑이 어둡다.' 라는 속담이 생각났다. 소중한 것은 바로 내 옆에 있는것 같다. 우리 가족처럼 말이다.

> 책의 내용과 연관된 속담을 잘 찾았어요. 다짐도 멋지고요.

소가 된 게으름뱅이

우현옥 글 | 지현경 그림 | 봄볕

졸고 있는 소를 보고 부러워하다가 소의 탈을 쓰고 진짜 소가 되어 버린 돌쇠 이야기예요. 돌쇠는 시원한 나무 그늘에서 쿨쿨 잠만 자는 소를 보며, 깨우는 사람도 없고 잔소리하는 사람도 없는 소가 무척 부러웠습니다. 그래서 지나가던 할아버지가 내민 소의 탈을 냉큼 받아쓰고는 소가 되기로 했어요. 돌쇠는 원하던 대로 그늘 밑의 소처럼 있는 대로 게으름을 피울 수 있었을까요?

독후감 쓰기 포인트

- 표지나 제목을 보고 내 느낌이나 생각 쓰기
- 인상 깊은 장면 정리해서 쓰기
- 책을 읽고 얻은 교훈이나 연결되는 속담 쓰기
- 책을 읽고 나서 나의 다짐 쓰기

『소가 된 게으름뱅이』 독후감

나만의 제목: 속담 속에 비밀

내가 생각하는 게으름뱅이는 놀기만 하는 먹보 말썽쟁이이다. 그런데 책을 읽어보니 돌쇠는 정말 정말정말 정말 지독한 게으름뱅이였다. 돌쇠를 보니 좋아 보이는 게 아니라 초조해 보였다. 그런데! 말이 씨가 되었다. 돌쇠가 소가 된 것이다. 나는 이때 '믿는 도끼에 발등 찍힌다.'라는 속담이 생각났다.
결국 돌쇠는 죽을 각오를 하고 무를 먹었는데 인간이 되었다. 인간으로 돌아온 돌쇠는 그...후로 부지런쟁이가 되었다.
다행스럽기도 하고 깔끔한 결말이었다. 나도 앞으로 게으름 피우지 않고 엄마가 시키기 전에 미리 내 할일을 하는 내가 되도록 노력할 것이다.

> 돌쇠가 어쩌다가 소가 되었는지 썼다면 더 좋았겠어요. 내용이 조금 부족한 것이 아쉽네요.

> 책을 재미있게 읽었다면 분명히 생각의 변화가 있겠죠? 이렇게 멋진 다짐도 생길 테고요.

소똥 밟은 호랑이

박민호 글 | 전병준 그림 | 알라딘북스

우리가 아는 호랑이는 무시무시하고 커다랗고 사나운 동물이지요. 하지만 이런 호랑이도 약점은 있습니다. 무섭기만 한 줄 알았던 호랑이가 소똥을 밟았다고 하는데 어쩌다가 밟은 걸까요?

독후감 쓰기 포인트

- 제목을 보고 왜 소똥을 밟았을까 추측해 보기
- 인상 깊은 장면 쓰기
- 호랑이를 혼내 주기 위한 아이디어 생각해 보기
- 책을 읽고 얻은 교훈이나 연결되는 속담 쓰기

「소똥 밟은 호랑이」 독후감

> 제목을 보고 내용을 궁금해하는 것도 좋지만 내용을 추측해 보는 것도 좋은 동기가 돼요.

나만의 제목: 소똥을 찌지익~ 밟은 이유는?

호랑이가 왜 소똥을 밟았는지 궁금해서 「소똥 밟은 호랑이」라는 책을 읽었다. 책을 읽어보니 호랑이가 소똥을 밟을만한 짓을 했다. 그 짓은 바로 할머니가 열심히 농사지은 무밭의 무를 마구마구 짓밟고 뽑아 먹은 것이었다.
호랑이가 못된 짓을 하지 않았더라면 소똥을 밟고 찌익~ 미끄러져서 낭떠러지로 떨어지는 일은 없었을 것이다.
나는 이 이야기를 읽고 모든 일은 원인에 따라 결과가 생긴다는 '콩 심은데 콩나고 팥 심은데 팥난다.'라는 속담이 생각났다. 그리고 호랑이가 벌을 받으니 통쾌함이 마음을 가득 채웠고 조금 불쌍하기도 했지만 고소했다.

> 책의 내용을 마치 그림으로 보듯이 잘 설명하며 요약했어요. 연관 지은 속담도 백점이에요.

셋. 전래동화(세계명작) 읽고 독후감 쓰기 **107**

아씨방 일곱 동무

이영경 글·그림 | 비룡소

세상 속 주어진 역할 중에 더 낫고 못난 것은 없어요. 빨간색 두건을 쓰고 바느질을 즐겨 하는 빨강 두건 아씨에게는 일곱 동무가 있어요. 바로 자, 가위, 바늘, 실, 골무, 인두, 다리미예요. 일곱 동무는 빨강 두건 아씨에게 서로 제일이라고 다투게 되는데…. 과연 누가 제일일까요?

- 책을 읽기 전에 표지와 제목을 보고 나만의 동기 만들기
- 아씨방 일곱 동무는 왜 자기가 제일이라고 했는지 쓰기
- 누가 가장 제일인지 생각해 보기
- 책을 읽고 얻은 교훈 쓰기

「아씨방 일곱 동무」 독후감

내용이 궁금해지는 제목이 백점이에요. 내용이 바로 들통 나는 제목은 피하는 게 좋아요.

나만의 제목: 혼자 서는 절대절대 안될걸~
「아씨방 일곱동무」라는 책을 읽어보니 자기의견에는 모두 이유가 있었다. 자기의견은 모두 〈내가 제일 중요해〉였다. 자부인은 옷감의 좁고 넓음, 길고 짧음을 가려야 하기 때문이고 가위 색시는 잰 옷감을 잘라야 하기 때문이고 바늘 각시는 그 옷감을 꿰매야 하기 때문이고 홍실 각시는 그 바늘에 들어서야 하기 때문이고 골무 할미는 아씨 손부리를 지켜야 하기 때문이며 인두 낭자는 바느질한 옷을 다듬어서 제 모양 잡아주어야 하기 때문이고 마지막으로 다리미 소저는 옷이 맵시가 나도록 말끔히 펴주어야 하기 때문이다. 모두의 말이 틀린건 아니지만 아씨까지 여덟명이 함께 해야 고운 옷을 완성할수 있다고 생각한다.

아씨에게 어떤 일이 있었는지 썼다면 더 좋았겠어요.

왜 모두가 중요한지 자세히 쓰니 책을 더 잘 이해할 수 있는 독후감이 되었네요.

어린 왕자

생텍쥐페리 원작 | 박민선 글 | 강혜영 그림 | 봄별

소중한 것은 가까이에 있다고 합니다. 하지만 소중한 것은 눈에 보이지 않는대요. 그래서 곁에 있는 사람의 소중함을 모르고 상처를 주기도 해요. 장미꽃이 함부로 한 말들이 어린 왕자에게는 상처가 됐던 것처럼 말이죠. 나에게 정말 소중한 것이 무엇인지 생각하면서 어린 왕자를 만나 보세요.

- 표지나 제목을 보고 내용 추측해 보기
- 어린 왕자에게 무슨 일이 있었는지 내용 요약하기
- 기억에 남는 문장 뽑아서 쓰기
- 책을 읽고 얻은 교훈 쓰기

『어린 왕자』 독후감

> 동기를 쓰기 어렵다면 이렇게 내용을 추측해 보는 방법도 좋습니다.

나만의 제목: 책임을 다 하는 나.

『어린 왕자』 표지를 보고 책 내용이 궁금했다. 나는 책 내용이 어린 왕자가 모험을 하는 이야기 일 것 같았다. 그런데 책을 읽어 보니 어린 왕자가 정말로 모험을 한 내용이었다. 어린 왕자는 아주 작은 별에서 바오밥나무 싹을 뽑으며 살고 있었다. 그러던 어느날, 빨간 꽃을 만나게 되었고 꽃의 심술 때문에 다른 별들을 여행하기로 결심하고 떠나게 되었다. 그러다가 '지구'라는 별에서 장미와 금색 뱀, 여우를 만났다. 특히 여우가 '길들여진다' 라는 것에 대한 이야기를 했는데 왠지 모르게 가슴이 무거웠다. 나의 과거를 반성 하게도 했고, 앞으로 나의 행동에 대해서도 교훈을 주는 것 같았다. "길들여 진 것에 대해서는 끝까지 책임을 질 것!"

> 책을 읽고 난 뒤의 생각 변화가 뭉클하네요. 교훈을 큰따옴표로 표현한 것도 멋지고요.

오즈의 마법사

라이언 프랭크 바움 원작 | 허문선 엮음 | 위승희 그림 | 계림북스

오즈의 마법사에 대해 들어 본 적이 있나요? 뭐든지 다 해 준다는, 어떤 소원이든 들어 준다는 그 오즈의 마법사 말이에요. 회오리에 휩쓸려 낯선 나라로 날아가게 된 도로시는 집으로 돌아가기 위해 오즈의 마법사를 찾아가게 돼요. 도로시는 무사히 집으로 돌아갈 수 있을까요?

- 표지나 제목을 보고 동기 만들기 또는 내가 알고 있는 오즈의 마법사에 대해 쓰기
- 도로시와 친구들이 왜 오즈의 마법사를 찾아가게 되었는지 정리하기
- 책에서 얻은 교훈이나 메시지 쓰기
- 내가 만약 오즈의 마법사를 만난다면 어떤 소원을 빌고 싶은지 쓰기

「오즈의 마법사」 독후감

모든 책은 한 번 읽어 보았다고 해서 다시 읽지 말아야 하는 법은 없지요. 시간이 지나면 잊어버리게 되니까요. 다시 읽으면 새로운 것을 느끼기도 해요.

나만의 제목: 긍정의 힘

예전에 「오즈의 마법사」를 읽어 보았는데 재미있었던 것 같다. 그런데 내용이 잘 기억나지 않아서 다시 읽어 보았다. 주인공은 도로시와 토토, 뇌가 없는 허수아비, 심장이 없는 양철 나무꾼, 용기가 없는 사자였다. 그래서 오즈의 마법사를 만나기 위해 다 같이 길을 떠났다. 왜냐하면 오즈의 마법사가 소원을 다 들어준다고 했기 때문이다. 하지만 모두 다 이미 소원을 이루었다. 생각 하는대로 이루어 질수 있는것 같다. 그러니 부정적으로 생각 말고 긍정적으로 생각 해야 겠다. 내가 만약 오즈의 마법사를 만난다면 우리 모두가 건강하고 행복할수 있게 해달라고 말하고 싶다. 그리고 먼 길도 친구와 가족과 함께 라면 가깝게 느껴 지는 것을 알게 되었다.

책을 읽고 느낀 점을 '내가 만약'을 이용해서 쓰니 더 멋진 다짐과 느낌이 되었네요.

재주꾼 오 형제

이미애 글 | 이형진 그림 | 시공주니어

어마어마한 재주를 가진 오 형제가 있어요. 바로 단지 손이, 콧김 손이, 오줌 손이, 배 손이, 무쇠 손이에요. 오 형제는 세상 구경을 떠나다가 호랑이들을 만나 대결을 하게 됩니다. 과연 오 형제는 지혜롭게 이 대결을 이기고 다시 세상 구경을 떠날 수 있을까요?

- 표지나 제목을 보고 동기 만들기
- 오 형제가 누구였는지 쓰기
- 오 형제가 어떻게 호랑이와의 대결에서 이겼는지 생각해 보기
- 이야기에 어울리는 속담 찾기

「재주꾼 오 형제」 독후감

속담을 제목으로 한 것이 멋지네요.

나만의 제목: 개미가 절구통을 물어간다.

「재주꾼 오 형제」 제목을 보고 오형제가 누구인지 궁금했다. 먼저 손이 커서 밭을 쓱쓱 갈아 엎는 단지손이, 콧바람으로 나무를 휘청이게 하는 콧김손이, 오줌을 싸면 강을 만들어 버리는 오줌손이, 옷고름에 배를 달고 다니는 배손이, 마지막으로 무쇠신을 신고 다니는 무쇠손이가 '재주꾼 오형제'였다. 오형제가 세상구경을 떠나다가 호랑이들을 만났는데 내기에서 모두 이겨서 호랑이들의 코를 납작하게 해주었다. 그 이유는 바로바로바로바로! 협동했고 서로를 믿어 주었기 때문이다. 그래서 힘을 모아 협동하면 불가능한 일이없다. 라는 뜻의 "개미가 절구통을 물어간다." 는 속담이 생각났다.

재주꾼 오형제의 모습이 상상되도록 잘 설명해 주었어요.

교훈을 속담으로 연결 지으니 독후감도 더 빛나고 15줄도 훌쩍 넘었어요.

저승에 있는 곳간

서정오 글 | 홍우정 그림 | 한림출판사

저승에는 우리가 이승에서 착한 일을 할 때마다 재물이 쌓이는 곳간이 있다고 해요. 그런데 박서방의 곳간에는 아무것도 없었어요. 과연 박서방은 텅텅 빈 곳간 때문에 어떤 일을 겪게 될까요? 이승으로 무사히 돌아올 수 있을까요?

- 책을 읽기 전에 표지와 제목을 보고 나만의 동기 만들기
- 책을 읽고 나서 동기에서 궁금했던 점을 해결하기
- 내용을 시간의 흐름대로 정리하기
- 책을 읽고 나서 나의 다짐 쓰기

「저승에 있는 곳간」 독후감

책을 읽기 전에 궁금한 점을 추측해 보니, 내용도 상상해 보는 좋은 시간이 되었을 것 같네요.

나만의 제목: 나누면 두 배가 된다.

저승에 있는 곳간에 무엇이 들어있는지 궁금해서 「저승에 있는 곳간」이라는 책을 읽었다. 아마도 곡식이 들어있지 않을까? 생각했다. 책을 읽어보니 저승에 있는 곳간에는 곡식도 있었지만 비단도 있고, 돈도 있고, 살림살이도 있었다. 하지만 모든 곳간에 다 있는것은 아니고, 이승에서 남에게 준것이 그대로 쌓이는 것이었다.

주인공 아주아주 인색한 박서방은 저승에 잘못가게 되었다가 자기의 곳간을 보고 흠칫 놀랐다. 곳간이 텅텅 비어있었기 때문이다. 할수없이 이웃에 사는 마음씨 따뜻한 이서방네 곳간에서 돈을빌려 이승으로 돌아왔다.

다음날 박서방은 이서방에게 돈을갚고 그 뒤로는 사람들을 잘도와주는 딴사람이 되었다. 박서방이 이렇게라도 누우쳐서 다행스러웠고, 흐뭇한 미소가 지어졌다.

나도 앞으로 많이 베풀고, 나누어서 내 저승에 있는 곳간을 가득가득 채우고 싶다.

내용 요약을 6동 법칙에 맞게 잘했어요. 중간중간에 내가 받은 느낌도 넣어 보세요.

다양한 감정으로 느낌을 잘 표현했어요. 다짐도 멋지네요.

쥐 둔갑 타령

박윤규 글 | 이광익 그림 | 시공주니어

도대체 누가 진짜이고 누가 가짜일까요? 쥐가 손톱을 먹고 사람이 되었다고요? 마치 쌍둥이 같은 두 사람의 이야기예요. 과한 욕심은 시련을 낳고, 시련은 고난을 통해서만 극복할 수 있다는 교훈을 줍니다.

독후감 쓰기 포인트

- 표지를 보고 내 느낌이나 생각 적기
- 서첨지가 어떤 사건을 겪게 되었는지 정리하기
- 내가 만약 서첨지였다면 어땠을지 상상해 보기
- 책을 읽고 얻은 교훈 쓰기

「쥐 둔갑 타령」 독후감

> 표지를 관찰하며 동기를 쓰는 것은 멋진 시작이 됩니다.

나만의 제목: 진정한 베풂은 진심으로 시작된다

책 표지에 같은 사람이 심상치 않은 눈빛으로 마주보고 있길래 어떤 내용인지 궁금해서 「쥐 둔갑 타령」이라는 책을 읽어 보았다. 옛날 어느 마을에 서 첨지라는 영감이 살았다. 그러던 어느 날 손톱 발톱을 깎다가 쥐가 보여서 인심 쓰는 척하며 발톱을 냉큼 줬다. 그리고 그 쥐는 영감의 모습으로 변신을 하고 말았다. 그런데 식구들은 모두 가짜 영감을 진짜 영감이라 믿었고, 진짜 영감은 쫓겨 나고 말았다. 그 뒤로 서 첨지 영감은 힘들고 괴로운 나날을 보냈다. 그러다가 산 속 깊은 곳에 스님을 찾아가 늙은 고양이 한 마리 받아들고 집으로 돌아갔다. 스님의 말 대로 고양이를 가짜 영감에게 던지고 다시 모든 것은 제 자리로 돌아가게 되었다. 책을 다 읽고 보니 진정한 베풂을 다시 한 번 생각하게 되었다. 또 후회하기 전에 나의 행동을 돌아봐야 겠다는 생각이 들었다.

> 책의 내용을 6동 법칙에 맞추어 잘 정리했어요.

> 교훈이 느껴졌다면 구체적으로 써 보세요. 더 멋진 마무리가 될 수 있답니다.

크리스마스 캐럴

찰스 디킨스 글 | 로베르토 인노첸티 그림 | 박청호 엮음 | 어린이작가정신

눈 내리는 크리스마스이브. 지독한 구두쇠 스크루지에게 오래전에 죽은 친구 말리가 유령이 되어 찾아왔어요. 말리는 쇠사슬에 묶여 고통 받는 자신처럼 되지 않기를 바라며 스크루지에게 과거, 현재, 미래의 유령이 찾아올 거라고 말해 주어요. 그리고 스크루지가 새 사람이 되기를 바랍니다. 과연 스크루지는 변할 수 있을까요?

독후감 쓰기 포인트

- 제목을 보고 나만의 동기 만들기
- 인상 깊은 장면이나 기억에 남는 대사 뽑아서 쓰기
- 책을 읽고 얻은 교훈 쓰기
- 크리스마스에 대한 생각의 변화나 바람 쓰기

『크리스마스 캐럴』 독후감

> 마음이 따뜻해지는 제목이 멋지네요.

나만의 제목: 나눌수록 행복은 두배가 된다.

바람이 날 덜덜덜 춥게 할때 쯤 「크리스마스 캐럴」이라는 책속에 풍덩 빠져보았다. 이 이야기는 주인공 욕심이 많고 구두쇠인 스크루지가 꿈속에서 자신의 모습을 보며 새로운 인생을 살아가는 이야기다. 이이야기를 보고 내가 알게된 교훈이 있다. 첫번째는 다른 사람들에게 베풀고 살자!이고 두번째는 욕심을 버리고 살자!이며 마지막으로 세번째는 다른 사람들과 행복을 나누며 살자!이다. 크리스마스는 행복을 나누는 날이다. 이번크리스마스는 더 행복하고 신나는 크리스마스가 되었으면 좋겠다. 또 나눔은 그 무엇보다 행복을 주는것 같다.

> 책에서 얻은 교훈을 두 가지나 정리해서 쓰니 내용이 풍부해지고 알찬 독후감이 되었네요.

행복한 왕자

오스카 와일드 글 | 조르쥬 르무안느 그림 | 이정주 옮김 | 어린이작가정신

살아 있을 때 행복하기만 했던 왕자는 죽어서 동상이 된 뒤에야 비로소 절망에 빠진 세상 사람들을 보고 눈물을 흘릴 줄 알게 돼요. 때마침 동상에서 쉬어 가던 제비 한 마리가 움직이지 못하는 왕자를 대신해 그의 몸을 장식한 보석들과 황금 박을 떼어내 어려운 사람들에게 나누어 주어요. 왕자는 이렇게 사람들에게 사랑을 나누어 주면서 마침내 진정으로 행복한 왕자가 되었을까요?

독후감 쓰기 포인트
- 나는 언제 제일 행복한지 쓰기
- 행복한 왕자가 어떻게 행복해졌는지 쓰기
- 중요한 사건 요약하기
- 책을 다 읽고 난 느낌을 구체적으로 쓰기

「행복한 왕자」 독후감

> 내가 언제 행복했는지를 직접 경험한 이야기로 동기를 쓰니 길게도 쓸 수 있고 멋진 동기가 되었네요.

나만의 제목: 희생은 선물이다.

　나는 시험에 100점 맞았을 때, 금요일 밤이 되었을 때, 친구들과 놀 때가 가장 행복하다. 과연 행복한 왕자는 어떨 때가 행복한지 궁금해서 「행복한 왕자」라는 책을 읽게 되었다. 행복한 왕자는 도움이 필요한 사람들을 도와 줄 때가 가장 행복했다. 행복한 왕자는 아직 남쪽으로 가지 못한 제비에게 사람들을 도와달라고 부탁했다. 먼저 칼이 박힌 루비는 아픈 아이에게 그리고 눈에 있던 사파이어 하나는 배가 고파서 글을 못 쓰는 젊은 이에게 마지막으로 또 다른 눈에 있던 사파이어를 빼서 성냥을 빠뜨린 성냥팔이 소녀에게 주었다. 처음에 제비는 행복한 왕자의 부탁을 들어주기 싫어서 투덜 거렸지만 결국 제비는 사람들을 도와주며 마음이 따뜻해지는 걸 느끼게 되었다. 행복한 왕자와 제비는 얼어죽고 말았지만 나는 왕자와 제비의 희생 정신에 대단함을 느꼈다.

> 행복한 왕자가 왜 행복한 왕자인지, 왜 사람들을 도와주려고 했는지 더 자세히 썼다면 좋았겠어요.

넷

동시집 읽고
독후감 쓰기

글쓰기 방향

1 가장 마음에 드는 동시 뽑아서 이유 쓰기

"동시집을 읽고 독후감을 어떻게 쓰나요? 동시마다 감상평을 써야 하나요?" 하고 생각하겠지만 동시집을 읽고 독후감을 쓰는 것은 생각보다 어렵지 않답니다.

우선 동시집을 읽고 우선 마음에 드는 동시를 뽑아 보세요. 한 편이 될 수도 있고 두 편이 될 수도 있어요. 그리고 그 동시가 마음에 들었던 이유를 써 주면 됩니다. 이때 이유를 한 가지만 쓰지 말고 적어도 두 가지 이상 쓸 수 있도록 더 깊게 생각하고 써 보세요. 기억에 남는 부분을 적어 주고 왜 기억에 남았는지 써도 좋아요. 그럼 독후감 완성입니다.

★ 『쉬는 시간에 똥 싸기 싫어』 ☞ 제목을 보니 정말 나랑 똑같은 마음인 것 같아서 책장을 얼른 넘겨 보게 되었다. 이 동시를 읽어 보니 주인공이 정말 나랑 마음이 똑같아서 이 동시가 마음에 쏙 들었다.

★ 『너 내가 그럴 줄 알았어』 ☞ 나도 가끔 엄마한테 이 소리를 듣는데 주인공은 어떨 때 들을지 궁금했다. 이 동시를 읽어 보니 진짜 나랑 비슷한 상황에 주인공이 엄마한테 듣는 소리여서 피식피식 웃음도 나고 주인공 마음이 이해도 되어서 이 동시가 제일 기억에 남았다.

> ★ 『인형쟁이 울 엄마』 ☞ 이 동시집에 「엄마가 아픈 날」이라는 동시가 있는데 엄마가 아플 때 "흥겨운 주방 오케스트라도 공연을 멈췄다."라는 표현이 정말 가슴에 와닿았다. 엄마가 아팠을 때 생각도 나고 마음이 뭉클해져서 이 동시가 제일 마음에 들었다.

2 모방 동시 쓰기

동시집을 읽고 가장 마음에 드는 동시를 뽑았다면 그 동시랑 비슷하게 동시를 써 보세요. 똑같이 베끼는 것이 아니라 부분 부분을 바꾸어서 써 보세요. 특히 마음에 드는 문장이 있었다면 그 문장을 활용하여 동시를 지어 보세요.

흉내 내는 말을 바꾸어 보거나, 동사를 바꾸어 보아도 좋습니다. 그럼 나만의 동시가 될 수 있어요. 모방하는 것은 잘못된 게 아니에요. 잘하기 위한 과정이랍니다.

> ★ 「호랑이는 내가 맛있대」 ☞ 「서준이는 내가 맛있대」(맛있대 부분을 따라 하며 동시 지어 보기)
>
> ★ 「인형쟁이 울 엄마」 ☞ 「칭찬쟁이 울 엄마」(쟁이 부분을 따라 하며 동시 지어 보기, 우리 엄마는 무얼 잘하나 생각하며 동시 써 보기)

3 동요를 동시로 바꾸어 보기

동시집을 읽고 나서 마음에 드는 제목을 골라 보세요. 내용은 내가 생각해서 짓는 거예요. 어려울 것 같지만 동시 쓰는 방법을 조금만 알면 생각보다 쉬워요.

동시에는 정말 많은 이야기가 숨어 있어요. 친구들도 짧은 동시 안에 이야기를 담아 보세요. 동요를 활용하면 글자 수도 자동으로 맞추어지고, 리듬감도 느껴지고, 술술 읽히는 동시가 만들어져요. 동요의 가사를 바꾸어 준다는 생각으로 동시를 지어 보세요. 노래를 흥얼흥얼 부르며 재미나게 동시를 완성할 수 있답니다.

★ 「가랑비 가랑가랑 가랑파 가랑가랑」 ☞
떴다 떴다 비행기
날아라 날아라
높이 높이 날아라
우리 비행기

★ 「우리 반 과일 장수」 ☞
반짝반짝 작은 별
아름답게 비치네
동쪽 하늘에서도
서쪽 하늘에서도
반짝반짝 작은 별
아름답게 비치네

「나무랑 바람이랑」(동요 「비행기」)
살랑 살랑 바람이
노래를 부른다
흔들 흔들 나무가
엉덩이 흔든다

「딱지」(동요 「작은 별」)
딱지 딱지 내 딱지
홀랑 홀랑 뒤집혀
한 개 잃고 엉엉엉
두 개 잃고 앙앙앙
딱지 딱지 내 딱지
내일은 꼭 뒤집자

가랑비 가랑가랑 가랑파 가랑가랑

정완영 시 | 임종길 그림 | 사계절

사계절의 흐름을 따라가며 고향과 자연, 어머니에 대한 동경과 그리움을 전해 주는 동시들을 실었습니다. 시들은 마치 할아버지가 그의 품에 안긴 손자 손녀들에게 들려주듯 정겹고 구수하지요. 가랑가랑 내리는 가랑비를 생각하면서 동시 속으로 빠져 볼까요?

- 동시집을 읽고 가장 마음에 드는 동시 고르기
- 고른 동시를 소리 내어 10번 읽기
- 고른 동시와 비슷하게 동시 짓기
- 고른 동시를 읽고 떠오르는 느낌을 동시로 만들기
- 장면이 떠오르게 동시 짓기

『가랑비 가랑가랑 가랑파 가랑가랑』 동시 짓기

정말로 길을 잡아당기고 싶은 상황을 잘 생각해서 썼네요. 실감 나고 장면도 상상돼요.

출렁 출렁

김영륜

소나기가 내리는데 우산이 없을 때,
있는 힘껏 길을 잡아당기면 출렁 출렁,
커다란 지붕이 내 앞으로 온다.

학교가 끝나고 지쳐서 집에 가고 싶을때,
있는 힘껏 길을 잡아당기면 출렁 출렁,
우리집이 내 앞으로 온다.

괌에 그 누구보다 빨리 가고싶을 때,
있는 힘껏 바다를 잡아당기면 출렁출렁,
괌이 내 앞으로 온다.

괌을 모르는 친구도 있을 수 있으니 조금 더 쉬운 나라 이름이나 제주도로 해도 좋았겠어요.

꽃마중

김미혜 시 | 이해경 그림 | 미세기

표지만 보아도 마음이 환해지는 책인데 그 안에는 즐거운 동시와 소담스러운 꽃 그림이 들어있어요. 꽃마중 나오라고 이야기하는 것 같고 우리나라에서 볼 수 있는 색색의 아름다운 꽃들에 취해 자기도 모르는 사이에 발이 슬며시 움직이는 책입니다.

- 동시집을 읽고 가장 마음에 드는 동시 고르기
- 고른 동시를 소리 내어 10번 읽기
- 고른 동시와 비슷하게 동시 짓기
- 고른 동시를 읽고 떠오르는 느낌을 동시로 만들기
- 부분 부분을 바꾸거나 끝말 바꾸기

 『꽃 마중』 동시 짓기

제목을 동시 안에서 찾아 쓴 것이 돋보입니다.

나만의 제목: 〈이 별 지면 어쩌나 저 별 지면 어쩌나〉
지은이: 이서준

노랑노랑 옆집 개나리
괜히 꺾어왔다
해 저물고 개나리 꽃
반짝반짝 별 됐는데
이 별 지면 어쩌나 저 별 지면 어쩌나

옹기종기 옆집 개나리
괜히 꺾어 왔다
해 저물고 개나리 꽃
가득가득 피었는데
이 꽃 지면 어쩌나 저 꽃 지면 어쩌나

흉내 내는 말을 적절하게 잘 바꾸어 쓰니 더 멋진 동시가 되었네요.

너 내가 그럴 줄 알았어

김용택 시 | 이혜란 그림 | 창비

엄마한테 한 번씩은 꼭 듣는 말! "너 내가 그럴 줄 알았어." 듣기 싫은데 듣게 되는 말이에요. '이제는 안 들을 거야.' 하는데도 또 듣게 되는 말이에요. 도대체 이 말을 왜 듣는지 책에서 확인해 보세요.

독후감 쓰기 포인트

- 동시집을 읽고 가장 마음에 드는 동시 고르기
- 고른 동시를 소리 내어 10번 읽기
- 고른 동시와 비슷하게 동시 짓기
- 고른 동시를 읽고 떠오르는 느낌을 동시로 만들기
- 큰따옴표 사용하기

『너 내가 그럴 줄 알았어』 동시 짓기

뭐니 뭐니 해도 경험에서 우러나온 동시가 제일 재미있어요.

〈너 내가 그럴줄 알았어〉

까치발 동동 손을 뻗어서
찬장 안에 접시를 꺼내봅니다.

"윤서야 아서라 접시 깨질라"
그런 소리 지금은 안들립니다.

까치발 동동 손을 뻗어서
찬장 안에 접시를 꺼내봅니다.

"쨍그랑! 엄마야"
얼음된 나에게 엄마의 한마디.

"너 내가 그럴줄 알았어"

동시에 큰따옴표를 사용하니 훨씬 생동감이 넘치네요. 장면도 상상되고요.

내 입은 불량 입

경북봉화분교 어린이들 시·그림 | 크레용하우스

아이들이 쓴 60편의 시와 그림이 담겨 있는 동시집입니다. 아이들은 어른과 같은 것을 보아도 다르게 표현하지요. 꾸밈없고 솔직하게, 그래서 더 예쁘고 순수한 동시들이 탄생합니다. 동시집을 읽는 아이들은 물론 어른도 상처를 치유하고 위로받으며, 저절로 웃음 짓게 될 거예요.

- 동시집을 읽고 가장 마음에 드는 동시 고르기
- 고른 동시를 소리 내어 10번 읽기
- 고른 동시와 비슷하게 동시 짓기
- 흉내 내는 말 사용하기
- 시간의 흐름에 따라 그림을 그리듯이 쓰기

「내 입은 불량 입」 동시 짓기

〈팝콘〉

정우현

옥수수들이
디스코 팡팡을 탔다.

처음에는 들썩 들썩
그다음엔 펑펑
마지막에 펑펑팡팡
소리가 요란하다.

고소하고 달콤한
디스코 팝콘

> 고소한 팝콘이 '팡팡' 튀며 눈앞에 있는 것 같네요.

> 시간의 흐름에 따라 동시를 쓰니 점점 다음 내용이 기대돼요.

쉬는 시간에 똥 싸기 싫어

김개미 시 | 최미란 그림 | 토토북

제목만 보아도 웃음이 키득키득 나오는 책이에요. 동시집을 읽다 보면 갑자기 배가 살살 아픈 것 같으면서 똥이 마려운 것 같기도 하고, 나도 모르게 술술 끝까지 다 읽으며 "맞아, 맞아." 외치게 돼요. 친구들은 언제 어디서 똥 싸기 좋아요?

- 동시집을 읽고 가장 마음에 드는 동시 고르기
- 고른 동시를 소리 내어 10번 읽기
- 왜 이 동시를 고르게 되었는지 이유 쓰기
- 가장 인상 깊었던 동시의 구절 뽑기
- 나는 언제 어디서 똥 싸는 게 제일 좋은지 쓰기

「쉬는 시간에 똥 싸기 싫어」 동시 짓기

책 제목에 대한 내 느낌을 솔직하게 쓴 것이 인상적이에요. 글은 나의 마음을 솔직하게 쓰는 것이 매우 중요하답니다.

나만의 제목: "수업 시간에 똥싸기 좋아"

햇님이 운동장을 따끈하게 데워 줄 때쯤
「쉬는 시간에 똥싸기 싫어」라는 책을 읽었다.
제목이 좀 더럽다는 생각이 들었다.
그렇지만 왠지 깨끗할 수도 있겠다는
생각도 들었다. 그런데 책을 읽어 보니
「쉬는 시간에 똥 싸기 싫어」동시 내용이 내 마음과
일치 했다. 왜냐하면 나도 쉬는 시간에
똥 싸기 싫고, 수업 시간에 조용히 나가서
싸고 오는 것이 더 낫기 때문이다.
내 마음을 딱! 표현 동시 같아서 상쾌하고
간지러운 곳을 긁어 주는 것처럼 시원했다.
하지만 똥은 집에서 싸는 것이 최고
시원하다.

동시가 마음에 드는 이유를 비유법으로 표현해 주니 이해가 아주 잘 되고 재미나네요.

동시에서 가장 인상 깊었던 구절을 적으면 더 길게도 쓸 수 있고 한 번 더 동시를 기억할 수 있어서 좋았겠어요.

시 주머니 어따 놨어?

강선재 글·그림 | 고래책빵

호기심 가득 품고 세상을 관찰하여 상상력을 키워 내는 꼬마 시인의 반짝반짝 빛나는 시의 마음을 모았어요. 6살 때부터 쓴 어린이 시인의 따뜻하고 건강한 마음을 느낄 수 있는 동시집입니다. 친구들도 어딘가에 있을 시 주머니를 찾아보세요.

독후감 쓰기 포인트

- 동시집을 읽고 가장 마음에 드는 동시 고르기
- 고른 동시를 소리 내어 10번 읽기
- 고른 동시와 비슷하게 동시 짓기
- 고른 동시를 읽고 떠오르는 느낌을 동시로 만들기
- 부분 부분을 바꾸거나 끝말 바꾸기

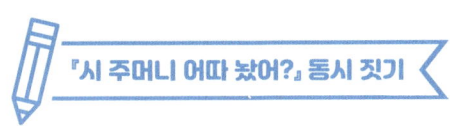
『시 주머니 어따 놨어?』 동시 짓기

연필을 모델이라고 생각한 상상력이 대단합니다.

〈내 필통은 옷장〉

우수연

필통 안에 모델들이
쭈르르 서있다.

누구를 기다리나?
워킹 하고 싶어서?

내가 글씨 쓸때
연필 모델들은
그제야 신바람 난다.

의인법을 사용하여 연필들을 표현하니 재미도 있고 실감나네요.

우리 반 과일 장수

서울재동초등학교 어린이 글·그림 | 박미림 엮음 | 고래책빵

서울 재동초등학교 어린이 90여 명이 직접 쓰고 그린 새콤달콤 과일 같은 동시집이에요. 깔깔깔 웃게 되는 동시들이 한가득 들어 있습니다. 생각하는 힘을 기를 수 있는 동시의 세계로 빠져 볼까요?

독후감 쓰기 포인트

- 동시집을 읽고 가장 마음에 드는 동시 고르기
- 고른 동시를 소리 내어 10번 읽기
- 고른 동시와 비슷하게 동시 짓기
- 고른 동시를 읽고 떠오르는 느낌을 동시로 만들기
- 흉내 내는 말 사용하기
- 부분 부분을 바꾸거나 끝말 바꾸기

『우리 반 과일 장수』 동시 짓기

〈연필 모자〉

장소윤

연필이 모자를 썼다.
뾰족뾰족 머리가 다치지 말라고

연필이 모자를 썼다.
따끔따끔 연필심이 부러지지 말라고

연필 모자는 고마운 존재다.

연필심을 보호하기 위한 연필 뚜껑을 모자로 표현한 상상력이 멋지네요.

연필 모자를 고마운 존재라고 표현해 주니 세상 어느 것도 쓸모없는 것은 없다는 교훈이 느껴지네요.

인형쟁이 울 엄마

김명선 동시·그림·작곡 | 재미마주

울 엄마는 뚝딱뚝딱 인형을 만드는 인형쟁이예요. 인형쟁이 엄마가 들려주는 배꼽 빠지게 웃기고 이상하면서도 신기하고 자꾸자꾸 읽어 보고 싶은 재미가 있는 동시 세상 속으로 들어가 볼까요? 동시도 만나고 동요도 만날 수 있는 인형극 같은 동시집입니다.

독후감 쓰기 포인트

- 동시집을 읽고 가장 마음에 드는 동시 고르기
- 고른 동시를 소리 내어 10번 읽기
- 고른 동시와 비슷하게 동시 짓기
- 흉내 내는 말 사용하기
- 부분 부분을 바꾸거나 끝말 바꾸기

 『인형쟁이 울 엄마』 동시 짓기

> 엄마를 유심히 관찰해서 썼다고 생각하니 진실성이 느껴지네요.

나만의 제목: 〈칭찬쟁이 울엄마〉
　　　　　　　　　　지은이: 배지원

그림 잘 그리는 울엄마는
그림쟁이 입니다.

옷 잘 입는 울 엄마는
멋쟁이 입니다

뽀뽀 잘 하는 울 엄마는
뽀뽀쟁이 입니다.

아이구 기특한 내 아들
칭찬 잘 하는 울 엄마는
칭찬쟁이 입니다.

> 엄마의 장점을 별명으로 연결 지은 것은 정말 멋진 아이디어예요.

지렁이 일기 예보

유강희 시 | 이고은 그림 | 비룡소

우리나라는 봄, 여름, 가을, 겨울의 날씨가 각각 다릅니다. 바람이라고 다 같은 바람이 아니고, 비라고 다 같은 비가 아니고, 더위라고 해서 다 같은 더위가 아니지요. 사계절 날씨가 동시 안에 살아 있습니다. 자, 그럼 날씨 동시를 만나 볼까요?

독후감 쓰기 포인트

- 동시집을 읽고 가장 마음에 드는 동시 고르기
- 고른 동시를 소리 내어 10번 읽기
- 고른 동시와 비슷하게 동시 짓기
- 고른 동시를 읽고 떠오르는 느낌을 동시로 만들기
- 흉내 내는 말 사용하기
- 부분 부분을 바꾸거나 끝말 바꾸기

 「지렁이 일기 예보」 동시 짓기

나만의 제목: 〈빗방울들의 물놀이〉

지은이: 진지환

또록또록 퉁, 퉁!
빗방울들이
우산에서 점프한다.
용감하구나!

풍덩! 첨벙!
빗방울들이
웅덩이로 다이빙한다.
대단하구나!

흉내 내는 말과 의인법이 만나 멋진 표현이 완성되었네요.

리듬감 있는 흉내 내는 말 표현이 동시의 느낌을 더 살려 주네요.

콧구멍만 바쁘다

이정록 시 | 권문희 그림 | 창비

비 오면 비 오는 대로, 눈 내리면 눈 내리는 대로, 흙비 내려도 아랑곳하지 않고 밖에 나가 놀 궁리를 하느라 바쁜 아이들의 즐거운 놀이로 가득한 동시집이에요. 슬퍼도, 힘들어도 밝음으로 이겨 내는 아이들의 이야기가 가득 담겨 있어요.

독후감 쓰기 포인트

- 동시집을 읽고 가장 마음에 드는 동시 고르기
- 고른 동시를 소리 내어 10번 읽기
- 고른 동시와 비슷하게 동시 짓기
- 고른 동시를 읽고 떠오르는 느낌을 동시로 만들기
- 흉내 내는 말 사용하기
- 시간의 흐름에 따라 쓰기

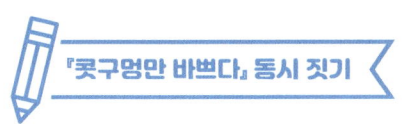
「콧구멍만 바쁘다」 동시 짓기

> 여름을 만나러 가는 친구들의 의인법 표현이 멋지네요.

제목: 〈여름 만나러 가는 길〉

지은이: 이성민

나무가 사락사락 초록 옷 입고
설레이는 마음으로
여름 만나러 가요.^^♡

땀방울이 주룩주룩 세수를 하고
희망찬 마음으로
여름 만나러 가요^^♡

긴 팔이 두근두근 반팔 데리고
시원한 마음으로
여름 만나러 가요.^^♡

> 여름이 다가오고 있는 것을 '여름을 만나러 간다.'고 한 표현이 멋져요.

콩, 너는 죽었다

김용택 시 | 김효은 그림 | 문학동네

통통 튀어오르고 떼구르르 굴러 가는 콩을 따라 이리저리 뛰는 아이처럼 우리 몸도 함께 들썩이는 동시들을 모았어요. 도대체 콩이 떼구르르 굴러서 어디로 갔을까? 콩은 왜 죽는 것일까? 궁금투성이 동시집이에요.

독후감 쓰기 포인트

- 동시집을 읽고 가장 마음에 드는 동시 고르기
- 고른 동시를 소리 내어 10번 읽기
- 고른 동시와 비슷하게 동시 짓기
- 고른 동시를 읽고 떠오르는 느낌을 동시로 만들기
- 장면을 상상하며 쓰기
- 연을 반복하여 쓰기

 『콩, 너는 죽었다』 동시 짓기

> '단풍잎들이 패션쇼 간다.'는 표현과 '옷 갈아입는다.'는 표현이 멋집니다.

제목: 〈가을 단풍잎〉

지은이: 이나현

휘릭 빙글 옷 갈아 입는
가을 단풍잎

바스락 바스락 사스락 사스락
패션쇼 가는 길

샤랄라 라랄라 노래 부르며
춤을 추다가

휘릭 빙글 옷갈아 입는
가을 단풍잎

> 연을 반복해서 쓰니 노래 같기도 하고 마무리도 깔끔해져요.

호랑이는 내가 맛있대

김성범 시 | 김말랑 그림 | 상상의힘

호랑이는 내가 참 맛있는 나이래. 내가 쫄깃하겠대. 호랑이가 날 왜 먹어? 한 편 한 편 웃기고 재미나고 황당한, 그러면서도 자꾸만 읽고 싶어지는 동시집이에요.

독후감 쓰기 포인트

- 동시집을 읽고 가장 마음에 드는 동시 고르기
- 고른 동시를 소리 내어 10번 읽기
- 고른 동시와 비슷하게 동시 짓기
- 고른 동시를 읽고 떠오르는 느낌을 동시로 만들기
- 흉내 내는 말 사용하기

「호랑이는 내가 맛있대」 동시 짓기

> 동시의 제목과 비슷하게 따라 한 제목이 정말 유쾌하고 동시를 읽어 보고 싶게 만드네요.

< 서준이는 내가 맛있대 >

서준이는 내가 맛있대
쫄깃쫄깃하다나?
기름지다나?
쌈장에 나를 비벼서
한입에 꿀꺽
오물오물 꿀꺽

서준이는 내가 맛있대
세상에서 제일 맛있대.
울끈불끈 힘이 솟는다나?
스트레스가 날아간다나?

내가 누구냐고?
성은 **삼**이요. 이름은 **겹살**이지.

> 마지막에 무엇인지 밝혀 주는 부분이 무척 유쾌하고도 통쾌해요.

다섯
이야기책 읽고 독후감 쓰기

글쓰기 방향

1 동기 쓰기

동기란 이 책을 읽게 된 이유입니다. 책장을 넘기기 전에 나만의 동기를 만들어 보세요. 제목에 대한 궁금점이나 표지에 대한 궁금점을 생각해 보고 서평이 쓰여 있다면 꼭 읽어 보세요. 서평은 책의 이해를 도와줄 수 있고 어떤 자세로 책을 대해야 하는지도 알려 주니까요. 또 나의 경험을 연결 지어서 쓴다면 정말로 나만의 동기가 됩니다.

> ★ 『거짓말』 ☞ 예전에 거짓말을 한 적이 있는데 기분이 통쾌하기도 했지만 찝찝하기도 했다. 주인공은 어떤 거짓말을 할지, 들켰을지 안 들켰을지 궁금했다.
>
> ★ 『병태와 콩 이야기』 ☞ 내가 제일 싫어하는 음식은 콩이다. 식감도 이상하고 맛도 없다. 그런데 엄마는 건강한 음식이라며 매일 콩밥을 해 주신다. '병태는 과연 콩을 좋아할까?' 하는 마음으로 책을 읽어 보았다.

2 내용 정리(요약)

주인공이 있는 이야기는 6동 법칙을 활용해서 요약해 보세요. 우선 동그라미 여섯 개를 그립니다. 그리고 그 동그라미 안에 간단히 내용을 써 보세요. 가장 중요한 사건을 절정에 쓰는 것을 잊지 마세요.

동그라미에서 동그라미로 넘어갈 때는 다양한 접속어를 쓰세요. 예를 들면, 결국에는, 그래서, 그러나, 그런데, 그러던 어느 날, 그리하여, 또, 마지못해, 사실은, 어쩌다가, 어쩔 수 없이, 하지만 등이 있어요.

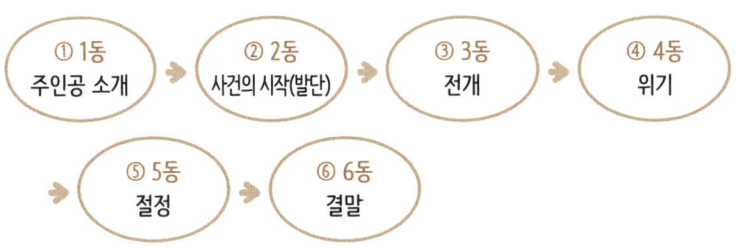

3 느낌 쓰기

보통 느낌을 제일 마지막에 쓰게 되는데 내용 중간에도 쓰면 좋아요. 이때는 구체적인 상황과 함께 써 보세요. 구체적인 느낌을 표현할 수 있을뿐더러 길게 쓰는 방법입니다.

- ★ 웃겼다. ☞ 할아버지가 발레를 자꾸 빨래라고 해서 웃겼다.(『발레 하는 할아버지』)
- ★ 슬펐다. ☞ 하얀 말이 화살을 맞고도 수호에게 왔을 때 가슴이 먹먹하고 슬펐다.(『수호의 하얀 말』)
- ★ 흐뭇했다. ☞ 병태의 황당한 행동으로 귀여운 싹이 돋아난 걸 보니 내 마음이 흐뭇했다.(『병태와 콩 이야기』)

4 생각의 변화나 다짐 쓰기

느낌까지 썼다고 독후감이 끝난 것이 아니에요. 생각의 변화를 써 주어야 마무리가 됩니다. 생각의 변화는 책을 읽기 전과 읽고 난 후 내 생각의 변화를 말합니다. 분명 책 읽기 전과 후는 다를 거예요. 그 생각을 써 주세요. 또 동기에서 궁금하게 생각했던 점을 알게 되었다면 그것을 정리하세요. 이때는 다짐을 써도 좋고 반성을 써도 좋습니다.

5 제목 짓기

제목 짓기의 포인트는 궁금증 유발입니다. 내용이 궁금해지게 지어 보세요. 또는 주인공의 별명, 가장 기억에 남는 문장, 대사를 제목으로 해도 좋습니다.

★ 바삭바삭 갈매기 ☞ 과자를 끊는 새가 멀리 난다

★ 원숭이 오누이 ☞ 네가 거울이냐?

★ 신기한 씨앗 가게 ☞ 행복을 파는 씨앗 가게

가끔씩 비 오는 날

이가을 글 | 이수지 그림 | 창비

이 세상에 쓸모없는 것이 있을까요? 여기 자신이 쓸모없다고 생각하는 못이 있습니다. 그런데 가끔 이 못이 대단한 존재가 돼요. 바로 가끔씩 비가 오는 날에는 화분걸이가 되어 쓸모 있는 존재가 되는 거예요. 따뜻하고 포근한 이야기의 동화집입니다.

- 책을 읽기 전에 표지와 제목을 보고 나만의 동기 만들기
- 비 오는 날의 내 느낌을 동기로 쓰기
- 책을 읽고 나서 동기에서 궁금했던 점을 해결하기
- 주인공의 마음이 어땠을지 생각해 보기
- 느낌을 구체적으로 쓰기

「가끔씩 비 오는 날」 독후감

재미있게 읽었던 책은 다시 한 번 보고 싶은 마음이 들기도 하지요. 재미없었던 책도 다시 읽으면 이전에는 느끼지 못했던 재미를 느낄 수 있습니다. 이런 마음들을 동기에 쓰는 것도 정말 좋은 동기 쓰기입니다.

나만의 제목: 가끔씩 행복 배달 오는 날

얼마전에 교과서에서 「가끔씩 비 오는 날」이라는 동화를 읽었었다. 그때 재미있고, 감동적이어서 다시한번 읽어보게 되었다. 주인공은 작은 원룸 창틀에 박혀있는 못이었다. 그런데 이 못은 평상시에 특별한 임무가 없어서 쓸모없는 못으로 불렸다. 그러던 어느날 그 방에 시인 아저씨가 이사를 왔다. 아저씨는 방을 정리하며 쓸모있는못에게 그림이나 시계를 걸었다. 하지만 쓸모없는 못은 아저씨의 책상이 조금만 더 컸더라면 뽑힐 상황이었다. 그리고 얼마후, 쓸모없는 못에게 행복이 되어줄 초록이를 아저씨가 들고 오셨다. 초록이는 물을 많이 먹는 밑으로 죽 늘어져 자라는 식물 이었다. 그러던 비는 어느날 행복 사전에 터졌다. !!! 아저씨가 초록이를 쓸모없는 못에 걸어서 비를 흠뻑 맞게 해 준 것이다. 초록이는 기쁨으로 가슴이 뛰었고 그제서야 쓸모없는 못은 쓸모있는못이 되었다. 나는 내가 쓸모있는 사람이 된 것 처럼 흐뭇하고 뿌듯했다. 이 세상에 쓸모 없는 존재는 없는 것 같다. 작은 못 하나도 우리에게 감동을 주니 말이다.

쓸모없는 못의 마음을 생각한 표현이 좋아요. 책의 메시지를 찾은 것도 멋지고요.

거짓말

고대영 글 | 김영진 그림 | 길벗어린이

혼자 놀이터에 나온 병관이는 미끄럼틀로 가는 길에 오천 원짜리가 떨어져 있는 것을 보고 얼른 줍고는 갖고 싶었던 사천 원짜리 형광 요요도 사고 누나와 떡볶이도 사 먹지요. 주운 돈이니까 마음대로 써도 되는 걸까요? 과연 병관이는 어떻게 되었을까요?

독후감 쓰기 포인트

- 책을 읽기 전에 거짓말했던 경험을 쓰고, 그때의 마음이 어땠는지 쓰기
- 병관이가 왜 거짓말을 했을지 생각해 보기
- 거짓말에 대한 내 생각 쓰기
- 책을 읽고 나서 내가 얻은 교훈이나 다짐 쓰기

📝 「거짓말」 독후감

누구나 한 번쯤은 거짓말을 해 본 적이 있을 거예요. 그 경험을 이렇게 동기로 쓴다면 재미있는 동기가 됩니다.

나만의 제목: 거짓말의 후회

학교 끝나고 집에와서 「거짓말」이라는 책을 읽었다. 예전에 나도 거짓말 한적이 있었는데 안걸려서 통쾌했지만 찝찝했다. 아마 병관이도 찝찝했을 것이다. 주인공 병관이는 놀이터에서 오천원을 주웠다. 그런데 주인을 찾아주지 않고 문구점으로 가서 사천원짜리 요요를 사고 남은 천원으로는 떡볶이를 먹었다. 결국 엄마한테 혼나고 주인을 찾아주기로하고 벽보를 만들었다. 책을 읽어보니 거짓말은 후회를 하게 되는것 같고 욕심을 키우는 것 같다. 앞으로 길을 가다가 돈이 있으면 주인을 꼭 찾아줄 것이다. 혹시 주인을 못찾더라도 내가 막쓰지 않고 아픈 사람들을 위해 쓰고싶다.

주인공에게 어떤 일이 생겼는지 시간의 흐름에 따라 정리하니 훨씬 내용을 이해하기 쉽네요.

거짓말에 대한 내 생각을 솔직하게 잘 표현했네요.

곰씨의 의자

노인경 글·그림 | 문학동네

곰씨에게는 긴 의자가 있어요. 의자에 앉은 곰은 시집을 읽고, 차를 마시고, 음악을 들으며 조용한 생활을 즐기지요. 그러던 어느 날, 커다란 배낭을 멘 토끼에게 자신의 의자 한 편을 내어 주게 돼요. 그런데 그 배려가 나중에 곰씨에게는 불편함이 되고 마는데…. 과연 토끼와 곰씨 사이에 무슨 일이 있었던 걸까요?

- 책을 읽기 전에 곰씨의 의자는 어떤 의자일지 추측해 보기
- 곰씨와 토끼들 사이에 어떤 일이 있었는지 정리하기
- 곰씨의 마음이 어떻게 변화했는지 쓰고, 그것을 보는 나의 마음이 어땠는지 쓰기
- 책이 나에게 주는 메시지 생각해 보기

「곰씨의 의자」 독후감

제목: 모든 것은 적당히. ㅋㅋㅋㅋ

온종일 일한 곰이 검은색 이불 덮고 자러 갈때쯤 「곰씨의 의자」라는 책을 읽게되었다. 나는 이 책을 읽고 답답하고 곰씨가 불쌍하고, 토끼들이 밉기도 했지만 마지막에 토끼들이 곰씨가 재본에 방해하지 않는 것을 보고 나서는 훈훈했다. 시와 음악을 좋아하는 곰씨가 있었다. 그러던 어느날 곰씨의 의자에 탐험가 토끼와 무용수 토끼가 왔다. 그리고 그들은 결혼을 했고 아기 토끼들이 많이 태어났다. 그 토끼 가족들은 매일매일 곰씨의 의자에 찾아왔다. 그래서 곰씨는 혼자만의 시간을 겪은 것에 대해서 속상하고 답답했다. 결국 솔직하게 얘기했을때 모두가 평화로워 질수 있었다. 곰씨가 용기를 내어서 솔직하게 말했을때 후련했다. 그리고 누군가와 함께 즐겁기위해서는 배려가 꼭 필요하다는 것을 알게 되었다.

> 이야기에 대한 느낌의 변화를 독후감의 시작으로 한 것이 멋집니다.

> 느낌을 표현할 때 언제 그랬는지 함께 쓰니 훨씬 내용을 이해하기 쉽고 다짐으로도 자연스레 연결되었네요.

기찬 딸

김진환 글 | 김효은 그림 | 시공주니어

1970년대 기차 안에서 벌어지는 이야기예요. 기차 안에서 갑자기 산모가 진통을 느끼고 아기가 태어나려 합니다. 그것도 귀가 얼어 툭 건들면 쨍그랑 깨져 버릴 듯한 겨울 어느 날에 말이에요. 기차 안에 있는 사람들은 '무슨 일인가?' 우왕좌왕 정신이 없어요. 과연 아기는 무사히 태어날 수 있을까요?

독후감 쓰기 포인트

- 책을 읽기 전에 표지와 제목을 보고 동기 만들기
- 동기를 만들 때 내용을 추측하거나 궁금한 점 쓰기
- 주인공을 중심으로 내용 정리하기
- 내용에 대한 내 느낌 쓰기
- 이야기에 어울리는 속담 찾아보기

「기찬 딸」 독후감

책 뒤표지까지 보면서 동기를 만들다니 대단하네요.

나만의 제목: 십시일반

책 뒷 표지에 기차 안에서 여자아이가 태어났다고 하는데 도대체 어떤 이야기 일까? 궁금해서「기찬 딸」이라는 책을 읽었다.

주인공은 추운 겨울날 기차안에서 태어난 다혜라는 사람이었다. 다혜가 엄마 뱃 속에 있을 때 다혜의 엄마 아빠가 기차를 타고 먼 곳으로 가던 중 진통이 왔다. 모두 놀란 상황에서 어떤 할머니가 나서더니 기차도 세워주고 뜨신물도 구해달라고 했다. 신기하게도 기차 안에 있던 사람들 모두 불만 없이 도와주었다. 그 결과 건강한 아이가 태어날 수 있었고 사람들은 아이의 탄생을 진심으로 축하해주었다. 나도 정말 기쁘고 다행스럽게 느껴졌다. 그 아이가 바로 많은 사람들의 은혜를 입었다고 해서 이름이 다혜가 된 것이다.

이 이야기는 협동이 얼마나 중요한지 느끼게 해주었다. 그래서 "십시일반"이라는 고사성어가 생각났다.

'십시일반'이라는 고사성어를 잘 인용했습니다. 그 뜻을 썼다면 더 좋았겠어요.

6동 법칙에 맞추어 내용을 잘 정리했네요. 내용 요약 중간에 느낌도 써 주니 더 멋진 내용 요약이 되었어요.

까마귀 소년

야시마 타로 글·그림 | 윤구병 옮김 | 비룡소

아이들과 어울리지 못해 늘 따돌림을 당하는 소년에 관한 이야기예요. 아이들과 어울리지 못하고 늘 숨어 지내는 작은 소년을 아이들은 "땅꼬마"라고 부르며 놀려대요. 그런데 새로 부임한 이소베 선생님은 이 소년의 특별한 재능을 발견하고, 많은 대화를 나누며 소년을 인정해 주어요. 마침내 이 소년은 모두를 놀라게 하는데, 무엇 때문에 모두가 놀란 걸까요?

- 책을 읽기 전에 표지와 제목을 보고 나만의 동기 만들기
- 주인공을 중심으로 내용 정리하기
- 내가 주인공이라면 어땠을까 상상해 보기
- 책을 읽고 나서 동기에서 궁금했던 점을 해결하기
- 책을 읽고 얻은 교훈 쓰기

「까마귀 소년」 독후감

책 제목을 보고 내용을 추측해 보는 것도 재미난 동기가 될 수 있지요.

나만의 제목: 관심은 행복이 된다.

점심 든든히 먹은 비가 구름위에서 쿨쿨 자고있는 오후에 까마귀 소년이라는 책을 읽어보았다. 제목을 보니 주인공이 까마귀인것같았다. 그런데 책을 읽어보니 주인공은 까마귀 소리를 내는 소년이였다. 주인공인 왕따를 당하는 외로운 소년이있었다. 늘 뒤쳐지고 혼자다녀서 외톨이가 되었다. 소년은 눈이오나 비가오나 한번도 결석하지 않았다. 어느날 이소베선생님이 오셨다. 선생님은 그 소년에게 관심과 사랑을 주셨고 소년은 까마귀소리로 학예회에 나갔다. 그걸본 친구들은 소년에게 까마귀소년이라고 불렀다. 그리고 소년이집에 갈때 행복한 까마귀 소리를 냈다. 책을 읽어보니 마음이 찡했다. 나는 이책에서 교훈 두가지를 얻었다. 첫번째는 왕따를 시키지 말자고 두번째는 관심과 사랑은 누군가를 행복으로 가득차게 해줄 수있다는 것이다.

주인공에게 어떤 일이 있었는지 시간의 흐름에 따라 잘 정리했어요. 중간중간에 느낌을 썼다면 더 좋았겠어요.

책을 읽고 나서 이렇게 교훈을 찾아보는 것도 멋진 마무리가 될 수 있어요.

꿈을 나르는 책 아주머니

헤더 헨슨 글 | 데이비드 스몰 그림 | 김경미 옮김 | 비룡소

1930년대 미국의 루스벨트 대통령은 학교나 도서관이 없는 애팔래치아 산맥 켄터키 지방에 책을 보내 주는 정책을 마련했어요. 사람이 직접 말이나 노새에 책을 싣고 2주에 한 번씩 고원 지대 집 곳곳을 방문해 책을 전해 주도록 했다고 합니다. 책이 대체 뭐라고 이렇게 힘들게 전했을까요?

독후감 쓰기 포인트

- 책을 읽기 전에 표지와 제목을 보고 나만의 동기 만들기
- 꿈을 나르는 책 아주머니는 누구였는지 쓰기
- 책을 읽고 나서 동기에서 궁금했던 점을 해결하기
- 책이 주는 힘에 대해 생각해 보기
- 책을 읽고 나서 생각의 변화나 다짐 쓰기

「꿈을 나르는 책 아주머니」 독후감

> 책의 마지막 부분에 나오는 이야기라고 해서 꼭 결과를 마지막에 쓸 필요는 없습니다. 이렇게 먼저 결과를 쓰고 그다음에 왜 그렇게 되었는지 이야기해 주는 방식도 좋아요.

나만의 제목: 꿈과 희망을 가져다 주는 가방부인

오후 햇살에 나른나른 잠 올때 쯤 「꿈을 나르는 책아주머니」 라는 책에 빠져 보았다. 주인공은 칼 에는 남자아이인데 칼은 용감한 책 아주머니 덕에 책을 좋아하게 되었다. 원래 칼은 책은 쓸모없는 내뱅이라고 생각하고 책을 읽는 것을 못 마땅하게 여겼다. 또 누나 라크가 책을 읽는 것을 하찮고 쓸모없는 일이라고 생각했다.
그러던 어느 날, 칼의 집에 누군가 찾아왔다. 바로 책 아줌마 였다. 그 사람은 눈이오나 폭풍이 부나 2주에 한 번씩 말을 타고 외에는 아무것도 받지 않고 책을 건네주고 돌아갔다. 어느 날은 목숨을 걸고 왔다 갔다. 칼은 말이 용감하다 생각했는데 아주머니까지 용감하다고 생각했다. 그 이후로 칼은 책 아주머니를 기다리는 아이가 되었고 책에 대한 긍정적인 마음도 생겼다.
이 책을 보고 써 나는 책이 기다려지고 모든 걸 바뀌게 하는 무한한 존재이고 꿈, 희망, 행복을 가져다 주는 존재라는 생각이 든다.

> 책에 대한 내 생각의 변화를 잘 썼어요. 독후감의 마무리를 생각의 변화나 다짐으로 쓰면 멋진 독후감이 됩니다.

내 짝꿍 최영대

채인선 글 | 정순희 그림 | 재미마주

어느 날 4학년 3반에 영대라는 아이가 전학을 왔어요. 조용하고도 느린 친구였어요. 그런데 영대의 모습이 꾀죄죄하다는 이유로 아이들은 영대를 놀리고 따돌리기 시작했어요. 아무리 놀려도 울거나 대꾸도 하지 않던 영대가 경주로 단체여행을 간 날 펑펑 우는 사건이 벌어지지요. 과연 영대를 울게 한 사건은 무엇이었을까요?

독후감 쓰기 포인트

- 책을 읽기 전에 표지와 제목을 보고 나만의 동기 만들기
- 주인공 소개 자세히 쓰기
- 가장 큰 사건이 무엇이었는지 쓰기
- 그 사건으로 인해 영대와 친구들에게 어떤 변화가 일어났는지 생각해 보기
- 책을 읽고 나서 생각의 변화나 다짐 쓰기

「내 짝꿍 최영대」 독후감

주인공에 대한 자세한 소개도 좋고, 내용을 시간의 흐름에 따라 요약한 것도 좋습니다.

나만의 제목: 내 짝꿍은 소중한 사람

푸른 하늘이 주황 색으로 노을 질 때 쯤 「내 짝꿍 최영대」라는 책을 읽어보았다. 영대가 어떤 아이인지 궁금했다. 영대는 말도 잘 하지 않고 느리고 지저분한 아이였다. 그래서 친구들이 영대를 따돌렸다. 하지만 영대는 이르지도 않고 꾹꾹 참고 만 있었다. 그러던 어느 날 경주로 수학 여행을 갔다. 그 날 밤 저녁에 누가 방귀를 꾸었는데 영대가 방귀를 뀐 사람으로 의심을 받았다. 결국 영대는 울음을 터트렸고 영대가 울고, 다른 친구들도 모두가 울게 되었다. 아이들은 그제야 자신들이 부끄러운 행동을 했다는 것을 깨닫게 되고 영재에게 사과 했다. 그 뒤로 영대는 더 이상 따돌림 받지 않고 행복하게 지낼 수 있었다. 영대가 잘 지내는 것을 보니 흐뭇하고 다행스러웠다. 그리고 영대의 울음으로 친구들이 잘못을 깨닫고 영대에게 사과한 것을 보니 가슴이 뭉클하고 감격스러웠다. 앞으로 영대 같은 친구를 보면 관심을 갖고 먼저 다가 가서 말을 걸 것이다. 또 도움이 필요하면 언제든지 솔선수범 할것이다.

읽고 난 뒤 생각의 변화를 자세히 쓰니 15줄이 훌쩍 넘었네요. 느낌 표현 까지도 멋진 독후감입니다.

다다다 다른 별 학교

윤진현 글·그림 | 천개의바람

친구들의 수만큼이나 세상에는 다양한 사람이 있어요. 한 교실에 앉아 있는 친구들도 투덜이, 부끄럼쟁이, 개구쟁이, 모범생처럼 성격과 특성이 제각각 달라요. 내가 남과 다르듯이 다른 사람 역시 나와 같지 않아요. 내가 남에게 인정받고 싶다면 나 역시 다른 사람을 인정해야겠지요? 그러려면 우선 '나만 다른 게 아니라, 우리 모두 다 다르다!'는 것을 이해해야 하지요.

- 책을 읽기 전에 나는 어느 별에서 왔는지 생각해 보기
- 왜 내가 그 별에서 왔는지 이유 쓰기
- 책에서는 어떤 별에서 어떤 친구들이 왔는지 쓰기
- 왜 모두 다른 별에서 왔는지 생각해 보기
- 다르다는 것에 대한 내 생각 쓰기

「다다다 다른 별 학교」 독후감

> 나는 어느 별에서 왔을까를 생각해 보는 동기가 재미나네요.

나만의 제목: 달라도 괜찮아.

나는 '행복별'에서 왔다. 왜냐하면 매일 매일 행복하기 때문이다. 그리고 나는 '뭐든지 싹싹 먹어별'에서 왔다. 왜냐하면 뭐든지 골고루 싹싹 편식하지 않고 잘먹기 때문이다. 「다다다 다른별 학교」라는 책을 읽어보니 우리는 모두다 다른별에서 왔다. 그래서 서로 좋아하는 것도 다르고 잘하는 것도 못하는 것도 다르다. 하지만 다르다고 무시하거나 나쁘다고 하면 안된다. 이해 해주고 존중해 주고 배려도 해주어야 한다고 생각한다. 나는 앞으로 친구들의 단점을 감싸주고 장점을 칭찬해주는 사람이 되어야 겠다.

> 책에서 전하고자 하는 메시지를 잘 이해했어요. 느낌도 다짐도 부족함이 없습니다.

달 샤베트

백희나 글·그림 | 책읽는곰

어느 무더운 여름밤, 에어컨과 선풍기와 냉장고가 뿜어내는 열기에 달이 똑똑똑 녹아내리기 시작했어요. 부지런한 반장 할머니는 큰 고무 대야 가득 달물을 받아 달 샤베트를 만들었어요. 과연 달 샤베트는 어떤 맛일까요?

- 책을 읽기 전에 표지와 제목을 보고 나만의 동기 만들기
- 달 샤베트에 대한 설명 쓰기(맛, 만들게 된 계기 등)
- 달 샤베트를 먹은 친구들은 어떻게 되었는지 쓰기
- 책이 나에게 하는 말 쓰기
- 책을 읽고 나서 생각의 변화나 다짐 쓰기

 「달 샤베트」 독후감

달로 만든 샤베트를 상상해 보는 동기가 내용으로 자연스럽게 이어지게 했네요.

> 나만의 제목: 나도 달 샤베트 먹고 싶다.
> 「달 샤베트」라는 제목을 보고 "달로 만든 샤베트는 무슨 맛일까?" 상상해 보았다. 아마도 솜사탕처럼 달콤하고 박하사탕처럼 시원하며 레몬처럼 상큼할 것 같다. 그런데 책을 읽어보니 정말로 달콤하고 시원하다고 했다. 달 샤베트를 만들게 된 이유가 있었는데 어느 더운 여름날 밤에 동물아파트에 사는 동물들이 선풍기와 에어컨을 틀고 할 일을 하고 있던 도중 정전이 왔다. 게다가 달은 녹아버리고 있었다. 그래서 반장 할머니는 그 달 물로 달 샤베트를 만든 것이다. 정전이 되어서 혼란에 빠진 동물 친구들은 할머니가 만들어준 달 샤베트를 먹고 에어컨과 선풍기를 끄고도 시원하고 달콤한 꿈을 꾸며 잠을 이룰 수 있었다. 그리고 또, 할머니는 달이 없어져 살 곳이 없어진 옥토끼들에게 달을 선물해 주었다. 할머니의 지혜로 모두가 행복해질 수 있었다. 다가오는 여름에 나는 정전이 되지 않기 위해 전기를 많이 절약해야겠다.

내용을 6하 법칙에 맞추어 잘 정리했어요. 6하 법칙 중간중간에 느낌을 쓰는 것도 잊지 마세요.

다짐에서 많은 의지와 반성이 느껴지네요.

두고 보자! 커다란 나무

사노 요코 글·그림 | 이선아 옮김 | 시공주니어

사람들은 대부분 곁에 있는 것의 고마움을 모르고 살아갑니다. 물건이든 사람이든 그 존재가 없어졌을 때에야 아쉬워하며 얼마나 소중했는지 느끼게 되지요. 주인공 아저씨도 곁에 있을 때는 나무의 소중함을 모르고 투덜거리고 화만 내다가 나무를 베어 버리기로 결정하지요. 나무는 어떻게 되었을까요? 아저씨는 어떻게 되었을까요?

독후감 쓰기 포인트

- 책을 읽기 전에 표지와 제목을 보고 나만의 동기 만들기
- 책을 읽고 나서 동기에서 궁금했던 점을 해결하기
- 나무가 아저씨에게 무엇 무엇을 주었는지 쓰기
- 나무가 아저씨에게 준 것 중 보이지 않는 것은 무엇이었는지 쓰기
- 책을 읽고 나서 생각의 변화나 다짐 쓰기

『두고 보자! 커다란 나무』 독후감

> 아저씨에게 어떤 일이 있었는지 자세히 썼다면 더 좋았을 텐데 조금 아쉬움이 남네요.

나만의 제목: 행복하게 살자

창밖을 보니 나무가 벌벌 떨고 있었다. 그래서 슬퍼보였다. 「두고보자! 커다란 나무」 책에서는 나무가 어떨지 궁금했다. 나무는 아저씨에게 휴식도 주고 기쁨도 주고 행복도 주었다. 하지만 아저씨는 그것도 모르고 나무를 베어버렸다. 그 이후로 아저씨는 행복하지 않았다. 나중에는 엉엉 울어버렸다. 아마도 미안했기 때문이다. 나무야! 미안해. 더 많이 아껴줄게. 앞으로 우리랑 행복하게 살자.

> 나무에게 말하는 방법으로 다짐을 쓴 것이 감동적이네요.

> 나무를 위해 우리가 할 수 있는 일을 자세히 썼다면 15줄은 술술 쓸 수 있었을 텐데 조금 아쉽네요.

두근두근 1학년 선생님 사로잡기

송언 글 | 서현 그림 | 사계절

처음 초등학교에 입학할 때 생각나나요? 그때 마음은 어땠나요? 두근두근 설레고 떨렸나요? 주인공 윤하도 무척이나 설레고 떨린 것 같아요. 또 선생님께 예쁨 받고 싶어서 늘 고민에 빠졌지요. 과연 윤하는 선생님의 마음을 사로잡았을까요? 첫 출발에 응원을 보내는 학교 그림책이에요. 모두 모두 새 학기 화이팅!

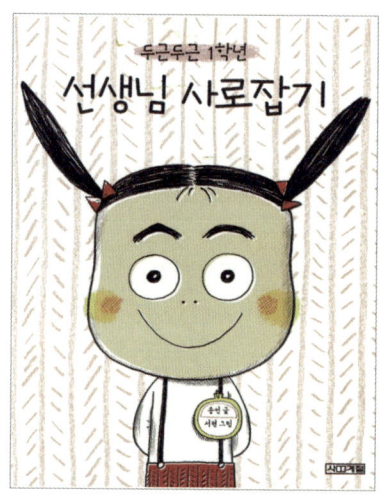

- 책을 읽기 전에 처음 초등학교에 입학했을 때 어땠는지 떠올려 보기
- 새 학년이 될 때는 어떤 기분인지 쓰기
- 주인공은 선생님 마음을 사로잡기 위해 어떤 노력을 했는지 쓰기
- 선생님의 마음을 사로잡을 나의 다짐 쓰기

 『두근두근 1학년 선생님 사로잡기』 독후감

다음 학년이 되기 전에 마음이 어떤지를 동기로 쓰니 5줄이나 되었네요. 이렇게 동기에는 궁금한 점뿐만 아니라 내 이야기도 써 보세요.

나만의 제목: 즐겁게 지내요 선생님~!!!

얼마 뒤면 3학년이 된다. 그래서 가슴이 펄쩍펄쩍 뛰기도 하고 호기심이 자꾸자꾸 커진다. 왜냐하면 몇 반이 될지, 어떤 친구를 만날지, 어떤 선생님을 만날지 궁금하기 때문이다.

『선생님 사로잡기』 책을 읽어보니 주인공 윤하가 선생님의 사랑을 받기위해 엄청나게 노력했다. 힘들어 보이기도 하고 행복해 보이기도 했다.

나는 선생님의 마음을 사로잡기 위해
첫번째: 선생님 말씀에 귀를 기울이고
두번째: 맡은 일을 열심히 최선을 다하고
세번째: 불평, 불만을 하지않고 행복하고 감사한 마음으로 학교 생활을 할 것이다.
3학년아, 기다려 곧 갈게!

새로운 학년을 맞이하기 위한 다짐을 세 가지나 하다니 정말 멋지네요.

들꽃 아이

임길택 글 | 김동성 그림 | 길벗어린이

김 선생님은 시골 마을 작은 학교로 발령을 받아 6학년 담임을 맡게 되었어요. 누가 시키지 않았는데도 보선이는 등굣길에 꾸준히 꽃을 꺾어 와 선생님 책상에 놓습니다. 정직하고 맡은 일을 열심히 하는 보선이의 선물이지요. 보선이는 들꽃의 소중함, 숲과 바람의 아름다움을 전하는 아이예요. 하얀 눈처럼 맑고 순수한 마음을 가진 보선이와 선생님의 감동적인 이야기가 펼쳐져요.

독후감 쓰기 포인트

- 책을 읽기 전에 표지를 볼 때 받은 느낌 쓰기 또는 내용 추측해 보기
- 주인공을 중심으로 일어난 일 요약하기
- 선생님은 보선이의 마음을 어디에서 어떻게 느꼈는지 쓰기
- 보선이의 장점 찾아보기

「들꽃 아이」 독후감

> 표지를 보고 '어떤 내용의 책일까?', '주인공은 어떤 친구일까?' 추측해 보는 것도 좋아요.

나만의 제목: 들꽃은 사랑을 싣고

저녁메뉴가 뭘까 궁금할때쯤 「들꽃아이」라는 책을 읽었다. 책 표지를 보고 우울한 느낌이 들었다. 그런데 책을 읽고나니 우울한 느낌보다 잔잔한 행복이 느껴졌다.
주인공은 시골학교로 오게 되신 김 선생님이였다. 김 선생님 반에는 보선이라는 아이가 있었는데 항상 꽃을 꺾어 반에 갖다놓았다. 그래서 선생님은 꽃에 대해 공부를 하게되었다. 그러던 어느날 선생님은 보선이의 집에 놀러가게 되었다. 선생님은 가면서 보선이가 왜 맨날 지각을 하고 꽃을 어디에서 꺾어 왔는지 알게 되었다. 그리고는 보선이네 마을에서 따뜻한 마음과 정이 담긴 귀한 대접을 받았다. 하지만 멀리사는 보선이는 눈이와 학교에 못왔다. 그래서 선생님은 보선이가 그리워 눈물을 흘렸다. 나는 이책을 읽고 보선이의 꾸준함과 성실함을 느꼈다. 나도 보선이의 성실함과 신뢰를 본받아야 겠다는 생각도 들었다.

> 꼭 대단한 인물책을 읽고 본받을 점만 찾는 것이 아니라 이야기책 주인공의 모습에서 본받을 점을 찾는 것도 멋진 마무리가 될 수 있습니다.

만년샤쓰

방정환 글 | 김세현 그림 | 장정희 해설 | 길벗어린이

방정환 선생님의 대표작이면서 한국 아동문학의 명작으로 손꼽히는 작품입니다. 가난한 소년 창남이가 자신의 고통은 아랑곳하지 않으면서 어려움에 처한 이웃을 돕고, 언제나 웃으면서 당당하고 씩씩하게 살아가는 이야기예요. 오랜 세월 우리에게 웃음과 눈물, 그리고 진한 감동을 전해 줍니다. 그런데 만년샤쓰가 무엇일까요? 감동의 만년샤쓰를 한 번 알아볼까요?

- 책을 읽기 전에 표지와 제목을 보고 나만의 동기 만들기
- 주인공의 마음이 어땠을지 생각해 보기
- 내가 주인공이라면 어땠을까 상상해 보기
- 주인공의 행동에 대한 내 느낌 쓰기
- 책을 읽고 나서 동기에서 궁금했던 점을 해결하기

 「만년샤쓰」 독후감

> 책 내용의 결론부터 말해 주는 것도 나만의 독후감 쓰기 방법 중 하나예요. 결론부터 얘기해도 그다음 내용이 궁금해지기 마련이니까요.

〈만년샤쓰〉

비가 주룩주룩 내리는 오후에 「만년샤쓰」라는 책에 빠져 보았다. 제목을 보고 왜 제목이 「만년샤쓰」인지 궁금했다. 결론부터 말하자면 「만년샤쓰」는 바로 맨몸샤쓰 였다. 주인공은 가난했지만 유쾌하고 밝은 소년이었다. 아주 추운 겨울날 체육시간에 선생님이 자켓을 벗으라고 하셨다. 그래서 창남이만 빼고 모든 아이들이 벗었다. 그런데 창남이가 벗지 않았던 이유는 자켓안에 샤쓰가 없었다. 그때 아쉽고 불쌍했다. 그러던 어느날 창남이네 동네에 불이나서 바지는 겨울바지 입고 신발도 못신고 샤쓰도 없이 학교에 온것이다. 자신보다도 더 힘든 다른 이웃들에게 자기옷을 나누어 줬기 때문이다. 이 이야기를 듣고 친구들과 선생님은 창남이의 따뜻함에 감동하여 울음바다가 되었다. 나도 울컥하고 창남이처럼 이웃들을 도우면서 살아가겠다는 생각이 들었다.

> 주인공 창남이를 보며 느낀 점들을 다짐으로 쓰니 멋진 독후감이 되었네요.

> 내용 중간에 짧게라도 느낌을 써 주니 독후감이 훨씬 빛나네요.

먹는 이야기

고대영 글 | 김영진 그림 | 길벗어린이

우리는 하루 세 번 밥을 먹고, 그 영양분으로 숨 쉬고, 움직이며 생활합니다. 그 힘으로 아이들은 하루하루 자라나지요. 날마다 맛있고, 건강하고, 안전한 먹을거리를 함께 나누는 것은 가족생활의 가장 기본적인 일, 중요한 일 중 하나예요. 하지만 매일 색다른 음식을 준비하는 엄마의 고민은 이만저만이 아닙니다. 행복한 밥상을 위해 우리는 무엇을 할 수 있을까요?

독후감 쓰기 포인트

- 책을 읽기 전에 표지와 제목을 보고 나만의 동기 만들기
- 내가 가장 좋아하는 음식 쓰기
- 병관이네 밥상에는 어떤 문제가 있었는지 쓰기
- 책을 읽고 나서 생각의 변화나 다짐 쓰기

「먹는 이야기」 독후감

> 제목을 보고 떠오르는 음식이나 내가 좋아하는 음식으로 동기를 쓰니 그 다음 내용도 술술 연결이 되었네요.

나만의 제목: 감사한 마음으로 냠냠

「먹는이야기」 책 제목을 보니 배가 고파졌다. 그리고 내가 좋아하는 짜장면과 스파게티가 생각났다. 주인공 지원이도 스파게티를 좋아했다. 하지만 야채를 싫어했다. 동생 병관이는 먹보 대장이었다. 지원이와 병관이는 매일 반찬투정을 했고 아빠는 지원이가 야채를 먹지않아서 걱정을 했다. 엄마는 가족들 입맛에 맞게 식단 정하기가 힘들고 마음이 괴로웠다. 책을 읽어보니 엄마가 식단을 짜는게 고민스럽고 힘들다는걸 알게되었다. 앞으로 반찬투정을 하지 말고 행복하고 감사한 마음으로 먹어야겠다. 또 새로운 반찬이 나오면 용기를 가지고 도전해볼 것이다.

> 책을 읽고 엄마의 마음도 알게 되고 멋진 다짐도 쓰니 알찬 독후감이 되었어요.

멋지다 썩은 떡

송언 글 | 윤정주 그림 | 문학동네

썩은 떡과 백오십 살 도사 선생님의 이야기예요. 어떻게 선생님이 백오십 살일 수가 있을까요? 왜 예쁜 이름을 놔두고 썩은 떡이라고 부르는 걸까요? 모든 것이 궁금합니다. 백오십 살 도사 할아버지 선생님과 엉뚱 발랄 썩은 떡을 만나러 가 볼까요?

- 책을 읽기 전에 표지와 제목을 보고 나만의 궁금증 쓰기
- 왜 썩은 떡인지 이유 찾아 쓰기
- 가장 기억에 남는 사건을 쓰고 내 느낌 보태기
- 책을 읽고 나서 느낀 점이나 생각의 변화 쓰기

「멋지다 썩은 떡」 독후감

> 책 표지의 그림이 인상 깊다면 왜 그럴까 한 번 생각해 보세요. 표지를 살펴보는 것도 이렇게 멋진 동기가 될 수 있습니다.

나만의 제목: 150살 도사 할아버지 보약 드셔유!

'가슴이 콩닥콩닥 뛰는 월요일' 아침에 「멋지다 썩은 떡」이라는 책을 읽었다. 읽기 전에는 표지에 있는 할아버지가 왜 뜨헉!! 하고 있는지 궁금했다. 책을 읽어 보니 선생님이 뜨헉 하는 이유는 썩은 떡이 놀이터에서 보약을 주워서 가져왔기 때문이다.

썩은 떡이 보약을 가져온 이유는 아마도 150살 도사 할아버지 선생님이 힘내서 건강하시라고 그런 것 같다.

썩은 떡은 착하고 재미난 아이 같다.

'멋지다 썩은 떡'은 정말로 친구들에게 추천해 주고 싶은 책이다. 그리고 나도 뭉게구름 타고 운동장 한 바퀴 돌아 보고 싶다.

> 책이 정말 재미있었다면 누구에게 추천해 주고 싶은지를 써 보세요. 멋진 마무리가 됩니다.

메아리

이주홍 글 | 김동성 그림 | 길벗어린이

돌이는 깊은 산속 외딴집에서 아버지와 누나와 같이 삽니다. 동무라고는 누나와 메아리 밖에 없었던 돌이는 누나가 산 너머로 시집을 가 버려 너무나 슬프고 외롭습니다. 돌이는 아버지가 감자를 캐러 나간 뒤 혼자서 누나를 찾아 나섰다가 그만 길을 잃어버리기도 하지요. 갓 태어난 송아지 동생을 보며 마음을 달래는 돌이의 처지를 함께 살펴보아요.

- 책을 읽기 전에 표지와 제목을 보고 나만의 동기 만들기
- 주인공을 중심으로 벌어진 사건 정리하기
- 주인공에게 누나는 어떤 존재였는지 쓰기
- 주인공에게 메아리는 어떤 존재였는지 쓰기
- 내가 주인공이라면 어땠을까 상상해 보기

「메아리」 독후감

책 표지에는 많은 비밀이 숨겨져 있습니다. 표지를 자세히 살펴보니 이렇게 멋진 동기가 완성되었네요.

나만의 제목: 내 하나뿐인 친구

바다에 들어오는 해를 겸문할때쯤 「메아리」라는 책에 나도 들어가 보았다. 제목과 표지를 보니 한 소년이 외로워서 산에올라가 자신의 소원을 말하는것 같았다. 그런데 아닐까 다를까 내 생각과 비슷했다. 주인공은 산중에서 더깊고, 깊은 산중의 중턱에 사는 아이인 돌이였다. 돌이의 식구는 아버지와 누나였고 돌이의 친구는 오직 메아리뿐이였다. 그러던 어느날 엄마같은 존재인 돌이의 누나가 시집을 갔다. 그래서 돌이는 며칠 동안 울었다 그러다가 돌이는 누나를 찾으러 산아래에서 더아래에서 아래까지 내려갔다가 밤이되고 길을 잃어버렸다. 다행스럽게 돌이 아빠가 돌이를 찾아 등에 업혀 집에 돌아왔다. 그런데 집에는 돌이의 동생이 생겨 있었던 것이다. 그 동생은 바로 송아지 였던 것이다. 그래서 돌이는 누나를 잃은 슬픔이 슈우욱 사라져 버리고 기쁨으로 바뀌었다. 그리고 돌이는 메아리에게 '내 동생이야' 라고 외쳤다. 이 장면은 가슴이 뭉클해지고 훈훈해 지는 느낌이었다.

느낌을 쓸 때는 그냥 '감동적이었다.'고만 쓰는 것보다 어느 부분에서 그랬는지 자세히 쓰면 길게 쓸 수도 있고 감동도 커집니다.

뭔가 특별한 아저씨

진수경 글·그림 | 천개의바람

다정 아저씨는 서른 살이고 가위 만드는 회사에 다녀요. 평범한 키, 평범한 얼굴, 평범한 옷을 입고, 평범한 신발을 신었어요. 남과 다른 특별한 한 가지는, 머리카락이 꽤 길다는 거예요. 다정 아저씨는 날마다 아침 일찍 일어나 긴 머리카락을 감고 말리느라 불편해요. 전철에서 사람들의 눈총을 받기도 하고요. 그래도 아저씨는 꿋꿋하게 머리를 길러요. 다정 아저씨가 특별하게 머리를 기르는 까닭은 무엇일까요?

독후감 쓰기 포인트

- 책을 읽기 전에 표지와 제목을 보고 내용 추측해 보기
- 중요한 사건을 중심으로 내용 정리하기
- 아저씨가 머리카락을 기른 이유를 쓰고 내 느낌 보태기
- 아저씨가 진짜 특별한 이유는 무엇인지 쓰기

『원가 특별한 아저씨』 독후감

제목을 보고 '무엇이 특별할까?' 하고 추측해 본 동기가 독후감의 시작을 멋지게 열어 주네요.

나만의 제목: 행복 영향력.

빗 소리에 졸음이 밀려오는 오후에 「뭔가 특별한 아저씨」 라는 책을 읽어보았다. 아저씨가 머리를 기르는 이유가 뭘까? 생각해 보았다. 아마도 가난한 사람들에게 머리를 길러 기부를 하려고 하는것 같았다. 그런데 책을 읽어보니 내 생각이 맞았다. 아저씨는 머리를 길러 소아암 환자들을 위해 기부를 한 것이다. 원래 아저씨는 모든게 평범한 사람이었다. 머리카락이 긴것만 빼고 말이다. 사람들은 아저씨의 머리카락 때문에 아저씨를 특별하게 봤다. 비록 회사 사장님만 긴 머리를 바꾸라고 강요했다. 결국 아저씨는 머리카락을 기부했고 아쉬워 하는 사람들도 있었지만 사람들은 이 아저씨를 더 특별하게 생각했다. 내가 생각하는 아저씨의 특별함은 그 어떤사람 에게도 변화하게 할수있는 행복 영향력 인것 같다. 나도 앞으로 행복 영향력을 줄수 있는 사람이 되고싶다.

주인공 아저씨에게 어떤 일이 있었는지 잘 정리 했어요. 내용을 쓸때 중간중간에 내 느낌도 써 보세요. 그럼 훨씬 알찬 독후감이 된답니다.

바삭바삭 갈매기

전민걸 글·그림 | 한림출판사

바다 위 푸른 하늘을 자유롭게 날아다니는 갈매기들은 큰 바위섬에 모여 삽니다. 어느 날 커다란 배가 바위섬 옆을 지나가는데, 배 뒤쪽에서 아이들이 무언가를 던지고 있었어요. 그중 하나가 갈매기들 사이에 떨어졌고, 짭조름하고 고소한 냄새가 나는 그것을 한 갈매기가 깨물어 보았죠. 바삭바삭! 그것은 갈매기가 한 번도 먹어 보지 못한 놀라운 맛이었어요. 바삭바삭은 무엇이었을까요?

독후감 쓰기 포인트

- 책을 읽기 전에 표지와 제목을 보고 나만의 궁금한 점 찾아 보기
- 바삭바삭은 무엇이었는지 쓰기
- 가장 인상 깊은 표현 찾아 쓰기
- 내가 주인공이라면 어땠을까 상상해 보기

『바삭바삭 갈매기』 독후감

나만의 제목: 바삭바삭을 포기해!!

갈매기는 맛을 못 느끼는데 '바삭바삭' 무엇을 먹는지 궁금했다.
책을 읽어보니 황당하게도 갈매기는 바삭바삭 소리가 나는 세모과자를 허겁지겁 먹었다. 허겁지겁 먹은 이유는 너무 맛있어서 더 먹고 싶었기 때문이었다. 갈매기가 과자를 처음 먹고 <훌쩍 날아오른 뒤에 한쪽이 쿵! 무너져 내린 거대한 구멍 속으로 바닷물과 함께 빨려드는 느낌>이라고 표현했다.
나도 이 과자를 먹어보고 싶었다. 적어도 그때까진 그랬다. 그런데 갈매기들은 과자 때문에 뚱뚱해지고 날기가 힘들어졌다. 결국 현명한 갈매기는 바삭바삭 과자를 포기하고 저 멀리 날아올랐다. 그 모습은 힘차 보였다.
나도 과자 포기!!~

> 책 내용 중에 인상 깊은 문장을 골라서 쓰니 이야기를 이해하는 데 도움이 되네요.

> 갈매기들이 왜 바삭바삭을 좋아했고, 왜 포기했는지 다짐과 연결 지어 쓴 부분이 멋집니다.

발레 하는 할아버지

신원미 글 | 박연경 그림 | 머스트비

손자가 발레 배우는 것을 반대하던 할아버지는 어느 날 교실 밖에서 남몰래 발레를 연습합니다. 왜 할아버지는 그토록 반대하던 발레를 연습하는 걸까요? 집으로 돌아가는 길에 할아버지의 진심을 알게 된 손자의 모습에서 가슴 뭉클한 감동이 전해지는 이야기입니다.

독후감 쓰기 포인트

- 책을 읽기 전에 표지와 제목을 보고 나만의 동기 만들기
- 책을 읽고 나서 동기에서 궁금했던 점을 해결하기
- 주인공을 중심으로 내용 정리하기
- 내가 주인공이라면 어땠을까 상상해 보기
- 할아버지의 진심을 알고 난 뒤 내 느낌 쓰기

「발레 하는 할아버지」 독후감

> 동기를 쓸 때는 이렇게 제목과 표지 그림 외에 서평을 읽고 쓰는 것도 좋은 방법입니다.

나만의 제목: 빨래 할아버지

가을햇살이 따스하게 농작물을 익힐 때쯤 「발레하는 할아버지」라는 책을 읽었다. 표지에 마음이 따스해지는 생활 동화 라고 했는데 진짜 마음이 따스해 지는지 궁금했다. 주인공은 발레를 무척 배우고 싶은 남자아이 였다. 발레를 배우고 싶은 이유는 작년 크리스마스에 호두까기 인형의 공연을 보고 발레를 배우고 싶은 꿈을 가졌다. 아이는 엄마를 졸라 문화센터에서 발레를 배우게 됐다. 그런데 같이 손을 잡고 간 할아버지가 동작을 따라하고 있었다. 왜냐하면 발레 동작을 몸으로 적어서 보여주려고 했었다. 아이는 돌아가는 길에 할아버지에게 감동받았다. 신호등이 벌겋게 눈이고 아이가 할아버지 손을 꽉잡았을 때 내 가슴이 따스해졌다.

> 느낌을 쓸 때 구체적으로 어느 부분에서 그렇게 느꼈는지를 쓰면 글을 길게 쓸 수 있게 됩니다.

병태와 콩 이야기

송언 글 | 백남원 그림 | 사계절

자연 실험 시간에 선생님은 두 화분에 콩을 심었습니다. 한 화분에는 물을 주고 다른 화분에는 물을 주지 않았지요. 일주일 후에 확인할 거라고 했습니다. 그러고는 일주일이 지났습니다. 그런데 두 화분에 똑같이 예쁜 싹이 돋았습니다. 도대체 어떻게 된 일일까요?

- 책을 읽기 전에 표지와 제목을 보고 내용 추측해 보기
- 주인공 소개하기
- 주인공에게 일어난 사건 정리하기
- 내가 주인공이라면 어떻게 했을지 생각해 보기
- 병태의 행동에 대한 내 생각 쓰기

「병태와 콩 이야기」 독후감

> 책 내용을 6동 법칙에 맞추어서 잘 정리해서 썼네요. 6동 법칙 사이사이에 접속어도 다양하게 잘 사용했네요.

나만의 제목: 병태 마음속에는 착한 콩이 자라고 있다.

병태와 콩이야기라는 책 표지를 보고 병태가 심은 콩이 다른애들 콩보다 더 먼저 자랄 것 같다는 생각이 들었다. 멍청하지만 마음씨 착한 병태가 있었다. 병태는 생명을 아끼는 친구였다. 그러던 어느날 자연 시간에 콩실험을 했다. 한 화분엔 물을 주고, 한 화분에 물을 주지 않기로 했다. 그렇지만 병태는 할머니 말씀이 떠올라서 물을 주지 않은 화분에 몰래 물을 주다 유리한테 걸렸다. 하지만 병태는 당당했다. 왜냐하면 생명을 소중하게 생각했기 때문이다. 그리고 다음 주에 선생님이 화분 결과를 보는 날 깜짝 놀랐다. 두 화분에 모두 귀여운 싹이 자라고 있었기 때문이다. 유리는 일기장에 비밀을 써 놓았고 선생님은 그것을 보고 오히려 생명을 살려서 고맙다고 병태 일기장에 적어 주었다. 책을 읽고 나서 병태의 마음속엔 착한 콩이 자라고 있다고 생각했다. 그리고 그 콩은 무럭무럭 자랄 것 같다.

> 독후감의 마무리를 꼭 생각의 변화나 다짐으로 할 필요는 없어요. 이렇게 뒷이야기를 상상해 보는 것만으로도 멋진 마무리가 됩니다.

삐약이 엄마

백희나 글·그림 | 책읽는곰

심술궂은 길고양이 니양이가 어느 날 따끈한 달걀 하나를 꿀꺽 삼켰어요. 그리고 얼마 후 병아리를 낳았어요. 말도 안 된다고요? 그런데 진짜예요! 고양이와 병아리가 정말 가족이 될 수 있을까요? 과연 니양이는 좋은 엄마가 될 수 있을까요?

- 책을 읽기 전에 표지와 제목을 보고 나만의 동기 만들기
- 주인공 니양이에게 어떤 일이 생겼는지 시간의 흐름에 따라 정리해서 쓰기
- 가장 인상 깊었던 부분 뽑아서 쓰기
- 니양이가 삐약이 엄마가 되어서 어떻게 되었을지 상상해서 쓰기

「삐약이 엄마」 독후감

표지에 있는 고양이 얼굴에서 고양이의 기분을 추측해 보니 자연스럽게 내용과 연결이 되었네요. 이렇게 독후감 쓰기의 시작은 동기랍니다.

나만의 제목: 마음에 쏙 드는 엄마

엄마가 해주신 사랑맛 점심을 먹고 「삐약이 엄마」라는 책을 읽었다. 표지에 있는 고양이를 보니 화나보였다. 그런데 그건 화가난 것이 아니라 못된 짓만 골라 하는 '니양이'의 얼굴이었다. 어느날 니양이가 달걀을 먹고 배가 뻥 터질것 처럼 불러 오기 시작했다. 그러다가 배가 아파서 응가를 했는데 병아리가 나왔다. 니양이는 너무 놀랐고 나는 어이없고 기가 막혔다. 하지만 니양이는 삐약이를 보호해주고 안전하게 지켜 주고 깨끗하고 맛있는 음식을 찾아 먹였다. 마치 엄마 처럼 말이다. 그래서 니양이는 삐약이 엄마가 된것이였다.

내용을 정리하면서 중간에 자기의 느낌을 넣어 주니 정말로 나만의 독후감이 되었네요. 느낌도 구체적으로 잘 표현했어요.

사라, 버스를 타다

윌리엄 밀러 글 | 존 워드 그림 | 박찬석 옮김 | 사계절

사라는 호기심 많은 흑인 소녀입니다. 흑인은 버스 뒤쪽에 타야 한다고 법이 정하고 있어서 한 번도 버스 앞쪽에 타 본 적이 없습니다. 하지만 날마다 버스를 타고 등교하면서 버스 앞쪽이 어떨지 너무나 궁금했어요. 그래서 어느 날 버스 앞쪽으로 가서 앉아 봤어요. 그러자 버스 운전기사는 차를 세우고 경찰을 불렀어요. 과연 사라는 어떻게 되었을까요?

- 책을 읽기 전에 표지와 제목을 보고 나만의 동기 만들기
- 주인공 사라에게 어떤 일이 있었는지 시간의 흐름에 따라 정리하기
- 주인공의 마음이 어땠을지 생각해 보기
- 사라의 용기에 대한 내 생각 쓰기

『사라, 버스를 타다』 독후감

제목을 보니 과연 어떤 용기일까 궁금해집니다.

나만의 제목: 용기에 박수를!

용감한 사라의 이야기가 궁금하여 『사라, 버스를 타다』라는 책을 읽어 보았다.
이 책의 주인공 사라는 차별 받는 1950년대 미국에 살고 있는 흑인 여자 아이였다. 그때는 흑인들이 버스 뒷자리에만 앉을 수 있었다. 그런데 사라는 용기를 내어 앞자리에 앉아 보았고, 결국 경찰서 까지 끌려 가게 되었다. 그 다음 날부터 사라는 버스를 타지 않았고 모든 흑인들도 사라를 따라 걷기 시작했다. 그 다음 날도, 그 다음 날도, 그 다음 날도 흑인들은 버스를 타지 않았다. 그래서 버스회사는 당황했고 시장도 어쩔 줄 몰라했고, 그리하여 사람들은 법을 바꾸었다. 법을 바꾸게 된 가장 결정적인 시작은 무엇보다도 사라의 용기 덕분이라고 생각된다.
이 책을 읽어보니 옳은 것을 위하여 당당히 맞설 용기가 생긴 것 같고 사라의 용기에 박수를 보낸다.

주인공에게 있었던 일을 시간의 흐름에 따라 잘 정리했어요. 6동 법칙만 잘 지켜서 쓴다면 15줄 독후감 쓰기는 어렵지 않답니다.

책을 읽고 나서 느낀 메시지로 마무리를 하니 감동이 두 배가 되었어요.

사소한 소원만 들어주는 두꺼비

전금자 글·그림 | 비룡소

주인공 훈이는 등굣길에 우연히 두꺼비 한 마리를 구해 줍니다. 두꺼비는 은혜에 보답하고자 '사소한 소원 한 가지'를 들어주겠다고 하지요. 하지만 사소하다고 생각해 말한 훈이의 소원은 두꺼비에게 매번 거절당해요. 도대체 사소한 소원이란 뭘까요?

독후감 쓰기 포인트

- 책을 읽기 전에 표지와 제목을 보고 나만의 동기 만들기
- 주인공에게 어떤 일이 있었는지 시간의 흐름에 따라 정리하기
- 사소한 소원은 무엇이었는지 쓰고 내 생각 보태기
- 나라면 어떤 소원을 말할지 상상해 보기

「사소한 소원만 들어주는 두꺼비」 독후감

원가 메시지를 전해 주는 듯한 제목이 멋지네요.

나만의 제목: 세상에 사소한 것은 없다!

엄마는 나를 두꺼비라고 놀린다. 그래서 나는 두꺼비가 너무 싫다. 그런데 소원을 들어주는 두꺼비라고 해서 「사소한 소원만 들어주는 두꺼비」라는 책을 읽어보았다.

책을 읽고 나니 두꺼비는 사소한 소원 말고 중요한 소원을 들어준 것 같다.

주인공 훈이는 길에 있는 두꺼비를 구해주었는데 그 두꺼비가 훈이에게 '사소한 소원'을 들어준다고 했다. 훈이는 신이나서 소원 몇가지를 말했는데 두꺼비는 모두 중요한 소원이라고 들어주지 않았다.

그러다 싸웠던 짝꿍이 훈이에게 지우개를 빌려달라고 했다. 하지만 훈이는 지우개를 가지고 오지 않았다. 짝꿍과 화해를 하고 싶었던 훈이는 얼른 두꺼비에게 지우개를 만들어 달라고 했다. 그래서 두꺼비는 지우개를 '짠!' 하고 만들어 주었다. 사소했던 소원이 짝꿍과 훈이를 화해시켜 준 것이다. 나는 이야기를 읽고 사소한 것이 어쩌면 '가장 중요'할 수도 있다는 생각이 들었다.

책을 읽고 어떤 느낌을 써야 하나 고민이 될 때는 책이 나에게 말하는 메시지를 잘 들어 보고 그 메시지를 쓰는 것도 좋은 방법입니다.

상자 속 친구

이자벨라 팔리아 글 | 파올로 프로이에티 그림 | 김지연 옮김 | 이야기공간

어느 날 숲속에 이름 모를 상자가 하나가 나타났어요. 분명 상자 안에는 누가 있는데 절대 나오려고 하지 않았지요. 하지만 숲속 친구들은 포기하지 않았어요. 상자 안에 있는 친구가 스스로 나올 수 있도록 기다리고 배려하고 지켜 주었지요. 과연 상자 안에 있던 친구는 나왔을까요?

- 책을 읽기 전에 표지와 제목을 보고 나만의 동기 만들기
- 상자 안에 누가 있을지 추측해 보기
- 숲속 친구들이 상자 안에 있는 친구를 위해 어떤 노력을 했는지 쓰기
- 친구에 대한 내 생각 쓰기

「상자 속 친구」 독후감

> 과연 상자 속에는 어떤 친구가 있을지 맞혀 보는 것도 재미난 동기 쓰기가 되었네요.

나만의 제목: 나를 위로해 주는 존재

나에게 친구는 내가 누구랑 싸웠거나, 기분이 안좋을 때 나를 위로해 주는 존재 이다. 「상자 속 친구」는 어떤 존재인지 궁금해서 책 속으로 빠져 보았다. 내 생각엔 아마도 상자 안에 있는 친구가 올빼미 일것 같았다. 그런데 책을 읽어보니 올빼미가 아니라 앵무새 였다. 평화로운 숲 속에 한 상자가 나타났다. 동물 친구들은 상자 안의 친구에게 나오라고 얘기도 해보고, 흔들어 보았다. 그런데 상자 속 친구는 "싫어"라고 말할뿐 이였다. 동물 친구들은 상자 속 친구가 용기를 가지고 나올수 있도록 배려도 해주고, 이해도 해주었다. 그리고 그 다음날 비가 왔을때 상자를 들고 안전한 곳으로 달려갔다. 그 정성에 반한걸까? 드디어 상자 속 친구는 밖으로 나올수 있었다. 동물 친구들은 귀하고 소중한 걸 얻었다. 그것은 바로 친구이다. 나도 이런 친구가 되기 위해 조금더 열린 마음으로 노력하고 싶다.

> 어떤 이야기인지 잘 이해가 되도록 내용을 잘 요약해서 썼네요.

> 상자 속 친구와 동물 친구의 행동으로 얻게 된 교훈을 마무리로 쓰니 훈훈하고 알찬 독후감이 되었어요.

선생님은 몬스터

피터 브라운 글·그림 | 서애경 옮김 | 사계절

표지를 보면 꼬마 아이가 "우리 선생님은 몬스터!"라고 말합니다. 선생님이 몬스터라니 아무래도 이상하지요. 선생님에게 무슨 일이 있었던 걸까요? 아니면 꼬마 아이에게 무슨 일이 있었던 걸까요? 왜 선생님이 몬스터인지 이야기 속으로 들어가 볼까요?

독후감 쓰기 포인트

- 책을 읽기 전에 표지와 제목을 보고 나만의 동기 만들기
- 책을 읽고 나서 동기에서 궁금했던 점을 해결하기
- 왜 선생님이 몬스터였는지 이유를 찾아 쓰기
- 내가 선생님이었다면 어떻게 했을지 생각해 보기
- 책을 읽고 나서 생각의 변화나 다짐 쓰기

 『선생님은 몬스터』 독후감

'선생님이 왜 몬스터인지 궁금했다.'
라는 동기보다 왜 선생님이 몬스터인
지 추측해 보는 동기도 좋았겠어요.

나만의 제목: 예쁜 마음을 먹을거야

선생님이 왜 몬스터일까 궁금해서
『선생님은 몬스터』라는 책을 읽었다.
알고 보니 선생님은 처음부터 몬스터가
아니었다. 사람이였다.
주인공 바비가 장난을 쳐서 몬스터로
보이는 거였다. 몬스터 선생님은
내가 봐도 무서웠다.
하지만 바비가 선생님과 친해지니
선생님이 예쁜 얼굴로 보이기 시작했다.
선생님이 예쁜 얼굴이 되거나
몬스터가 되는것은 나 하기에
달려있고 마음먹기에 달려 있는것
같다. 나는 예쁜 마음과 멋진
마음을 먹고 싶다. 바비도 예쁜
마음을 먹으면 좋겠다.

책을 읽고 난 후 생각의 변화가 멋지네요. 책을 읽기 전에 동기
쓰는 것도 중요하지만 책을 다 읽고 나서 책이 나에게 하는 말을
잘 들어 보세요. 그러면 아무리도 쉽게 쓸 수 있답니다.

수호의 하얀 말

오츠가 유우조 글 | 아카바 수에키치 그림 | 이영준 옮김 | 한림출판사

몽골의 악기 '마두금'을 알고 있나요? 이 이야기는 마두금이 만들어지게 된 가슴 찡한 슬픈 이야기예요. 주인공 수호와 하얀 말의 우정이 빛나는 이야기이기도 하고요. 둘의 우정이 어떤 이야기를 선물해 줄지 이야기 속으로 들어가 보세요.

독후감 쓰기 포인트

- 책을 읽기 전에 표지와 제목을 보고 나만의 동기 만들기
- 중요한 사건을 중심으로 내용 정리하기
- 사건에 따른 내 느낌이나 생각 쓰기
- 마두금이 어떻게 만들어지게 된 것인지 쓰기
- 책을 읽고 나서 느낀 점이나 생각의 변화 쓰기

「수호의 하얀 말」 독후감

> 내용을 6동 법칙에 잘 맞게 정리했고 중간에 느낌도 넣어 주니 백 점짜리 내용 요약이 되었어요.

나만의 제목: 마두금의 비밀

책 표지를 보니 왠지 슬픈 이야기 일 것 같았는데 책을 읽어 보니 정말로 슬픈 이야기 였다. 주인공은 수호라는 양치기 소년 이었는데 마음씨가 착하고 영리했다. 그러던 어느날 수호는 하얀 망아지를 발견 하고 정성껏 보살폈다. 하얀 망아지는 멋진 하얀 말이 되었고 말타기 대회에서 1등도 했다. 그러나, 원님은 약속을 지키지 않고 하얀말을 뺏고 수호를 때려서 내쫓았다. 너무 화가 나서 머리에서 화산이 폭발할 뻔한 장면 이었다. 그런데 하얀 말은 수호에게 오기 위해 화살을 맞고도 달리고 달렸다. 하지만 하얀 말은 죽고 말았다. 수호가 울때 나도 눈물이 나올것 같이 슬펐다. 결국 수호는 하얀 말과 항상 함께하고 싶어서 하얀말의 가죽과 심줄과 뼈와 털로 '마두금' 이라는 악기를 만들었다. 마두금 연주를 찾아서 들어 보았는데 구슬픈 소리 같이 느껴 졌다.

> 마두금의 연주까지 찾아서 들어 보는 자세가 멋지네요.

슈퍼 토끼

유설화 글·그림 | 책읽는곰

'토끼와 거북'이야기를 들어 본 적 있지요? 거북이 느리다고 얕보다가 경주에 진 토끼 이야기 말이에요. 꿈에도 생각지 못한 패배를 맛본 그 토끼는 어떻게 됐을까요? 느림보 거북에게 지다니 토끼 체면이 말이 아니었을 텐데 말이지요. 절대로 달리지 않겠다고 다짐한 토끼 이야기를 들어 보세요.

독후감 쓰기 포인트

- 책을 읽기 전에 표지와 제목을 보고 나만의 동기 만들기
- 내가 아는 토끼와 거북 이야기에 대해 쓰기
- 슈퍼 토끼가 왜 달리기를 하지 않겠다고 했는지 찾아보기
- 슈퍼 토씨가 가장 행복할 때는 언제인지 찾아보기
- 토끼의 행복에 대한 나의 의견이나 느낌 쓰기

「슈퍼 토끼」 독후감

> 책에 대해 아는 내용을 동기로 쓰니 길게 쓸 수도 있고 더 재미난 동기도 될 수 있네요.

나만의 제목: 토끼의 미소 백만개

예전에 "슈퍼 거북"이라는 책을 읽어 보았는데 토끼의 입장이 궁금했었다. 그런데 「슈퍼 토끼」라는 책이 나온 것이다. 나는 기대되는 마음으로 책을 열어보았다. 내가 아는 <토끼와 거북이>라는 내용은 토끼가 게으르고 잘난 척쟁이였다. 하지만 이 책을 읽어보니 토끼가 안쓰럽기도 하고 불쌍해 보였다. 왜냐하면 토끼도 달리기에서 진 나름의 이유가 있었다. 첫번째, 경기 전에 마신 당근 주스가 상해서 배가 아팠기 때문이고, 두번째, 잠을 못자서 늦잠을 잤기 때문이다. 그래서 토끼는 다시는 뛰지 않겠다고 굳게 다짐했다. 그렇지만 뛰지 않으니 토끼의 몸은 통통한 아저씨가 되었고 머릿 속은 온통 달리기 생각뿐이었으며 병든 토끼가 되어버리고 말았다. 결국 토끼는 씩씩하게 달리게 되었고 그제서야 진정한 행복을 느끼게 되었다. 토끼가 행복하니 내 마음도 히히 미소가 백만 개 피어 졌다.

> 구체적인 느낌 표현이 백점이에요. 느낌은 이렇게 비유법을 활용해서 써 보세요.

쓰레기통 요정

안녕달 글·그림 | 책읽는곰

쓰레기통은 더럽고 냄새나는 곳인데 쓰레기통 속에 요정이 산대요. 그 요정이 세상에서 가장 보잘것없는 것들로 세상에서 가장 빛나는 행복을 선물해 준다고 해요. 과연 어떤 요정일까요? 사람들은 어떤 행복을 선물받을까요?

- 책을 읽기 전에 표지와 제목을 보고 나만의 동기 만들기
- 쓰레기통 요정이 무엇을 했는지 정리해서 쓰기
- 가장 인상 깊었던 부분 뽑아서 쓰기
- 내가 쓰레기통 요정을 만나면 어떤 소원을 빌고 싶은지 쓰기

「쓰레기통 요정」 독후감

> 내용을 요약하면서 중간중간에 접속어를 다양하게 잘 활용했네요.

나만의 제목: 행복 배달 요정~!

몽글몽글 구름이 나 머리 위에서 그늘 만들어 주는 오후에 「쓰레기통 요정」이라는 책장을 넘겨 보았다. 주인공은 쓰레기통에 사는 소원을 들어주는 요정이었다. 쓰레기통 요정은 지나가는 사람마다 소원을 들어주겠다며 소리쳤다. 하지만 모두들 쓰레기통 요정을 겁하거나 무시했는데 어떤 할아버지만 나가왔다. 할아버지는 쓰레기통 요정에게 할머니한테 줄 것이 있냐고 물어봤다. 그런데 아무리 찾아보아도 할머니에게 줄 것이 없었다. 그러다가 쓰레기 요정은 자기가 쓰고 있던 반지를 주었다. 그 반지로 할머니는 행복을 얻었고 할아버지는 가슴이 따뜻해지는 기분이었을 것 같다. 내가 만약 쓰레기통 요정을 만난다면 버려진 저금통을 달라고 할 것이다. 왜냐하면 저금통에 돈을 넣어 저축을 해서 어려운 사람들을 도와주고 싶기 때문이다.

> 마무리를 '내가 만약'으로 쓰니 내 생각을 더 자세히 쓸 수 있는 기회가 되었네요.

신기한 씨앗 가게

미야니시 다쓰야 글·그림 | 김수희 옮김 | 미래아이

어느 날 꼬마 돼지가 너구리 아저씨의 신기한 씨앗 가게를 발견합니다. 호기심 많은 꼬마 돼지가 신기한 씨앗에 대해 묻자 너구리 아저씨는 친절하게도 한 번 심어 보라며 씨앗 하나를 건네주어요. 꼬마 돼지가 하얗고 차가운 씨앗을 땅속에 심자마자 너구리 아저씨가 이상한 주문을 외우기 시작합니다. 그러자 눈 깜짝할 새에 씨앗을 심은 자리에서 나무가 쑥쑥 자라나 하얗고 차가운 열매를 주렁주렁 맺습니다. 그 하얀 열매는 무엇이었을까요?

독후감 쓰기 포인트

- 책을 읽기 전에 표지와 제목을 보고 내용 추측해 보기
- 중요한 사건을 중심으로 내용 정리하기
- 내가 만약 씨앗을 산다면 어떤 씨앗을 사고 싶은지 쓰기
- 왜 그 씨앗을 사고 싶은지 이유 쓰기
- 책을 읽고 나서 느낀 점이나 생각의 변화 쓰기

「신기한 씨앗 가게」 독후감

> 내용이 정말로 궁금해지는 제목이네요.

나만의 제목: 행복을 파는 씨앗 가게

「신기한 씨앗가게」라는 책 제목을 보고 과연 얼마나 신기한 씨앗 가게인지 궁금해서 책 속으로 퐁당 빠져보았다. 주인공 꼬마 돼지는 너구리 아저씨 씨앗 가게에서 눈사람 씨앗, 도넛씨앗, 울퉁불퉁 공룡씨앗, 풍선씨앗을 샀다. 그리고 늑대를 만났는데 이 씨앗들을 심어서 위기를 모면했다.
내가 만약 신기한 씨앗을 살수 있다면
첫번째, 예쁘고 반짝거리는 보석 씨앗을 사고싶다. 이 보석을 가지고 있으면 행운이 온다.
두번째, 성실 열매 씨앗을 사고싶다.
이 열매를 먹으면 성실함이 하루동안 가득찬다.
마지막으로 세번째, 머리띠 씨앗을 사고싶다.
이 머리띠 씨앗을 가지고 있으면 매일매일 새로운 머리띠를 할수있다.
상상만 해도 웃음이 난다.

> 여러 가지 맛의 열매도 있지만 이렇게 가치들을 얻을 수 있는 씨앗을 생각한 것이 기발하네요.

> 재미난 상상력으로 글도 빛나고 읽는 사람에게도 미소를 선물해 주는 독후감이 되었네요.

신발 신은 강아지

고상미 글·그림 | 위즈덤하우스

강아지가 왜 신발을 신었을까요? 강아지의 주인은 어디로 갔을까요? 강아지 주인은 강아지를 찾을 수 있을까요? 반려동물 기르기와 유기동물 입양에는 책임감 있는 자세가 필요하다는 교훈을 알려 주는, 눈물 나면서도 가슴이 따뜻해지는 책입니다.

독후감 쓰기 포인트

- 책을 읽기 전에 표지와 제목을 보고 나만의 동기 만들기
- 책을 읽고 나서 동기에서 궁금했던 점을 해결하기
- 주인공의 마음이 어땠을지 생각해 보기
- 내가 주인공이라면 어땠을까 상상해 보기
- 동물을 키울 때 어떤 마음가짐이 필요한지 찾아보기

 「신발 신은 강아지」 독후감

> 책에서 얻은 진짜 중요한 메시지를 제목으로 하는 것도 멋진 방법입니다.

나만의 제목: 책임감이 필요해.

「신발 신은 강아지」 책 표지를 보니 강아지가 노란색 신발을 신고 있었다. 어떻게? 왜? 신발을 신었는지 궁금했다. 책을 읽어보니 신발을 신고 있는 이유는 주인이 있다는 증거였다. 주인공 미니는 주인을 잃어버린 강아지를 발견했다. 그리고는 주인을 찾아주려 하지않고 키우려고 했다. 하지만 공원에 데려갔다가 잃어버리게 되고 엉엉 울며 슬퍼했다. 나도 미니처럼 눈물이 날뻔했다. 미니는 이제야 깨달았다. 강아지의 진짜 주인이 무지무지 보고싶어 한다는 것을 말이다. 결국 미니는 강아지 진짜 주인을 만나게 할수있도록 노력했다. 동물을 키우기 위해서는 무엇보다도 책임감이 필요하다는 것을 가슴깊이 느끼게 되었다.

> 내용을 요약할 때 이렇게 내 생각이나 느낌을 더해서 쓰니 더 멋진 나만의 내용 요약이 되네요. 잘 썼어요.

아기 너구리네 봄맞이

권정생 글 | 송진헌 그림 | 길벗어린이

봄이 오려면 아직 더 잠을 자야 하는데, 잠을 깬 아기 너구리의 울음 때문에 언니 너구리, 오빠 너구리, 삼촌 너구리, 엄마 너구리, 아빠 너구리 모두 깨 버리고 말았어요. 다시 모두 잠들었지만, 아기 너구리의 눈은 말똥말똥, 언니 너구리의 발가락은 꼼지락꼼지락, 오빠 너구리의 똥구멍이 간질간질. 결국, 셋은 바깥세상이 궁금해 두근두근하는 가슴을 안고 꾸불꾸불 좁은 굴을 지나서 밖으로 나가게 되는데…, 과연 무엇을 보게 될까요?

독후감 쓰기 포인트

- 책을 읽기 전에 표지와 제목을 보고 나만의 동기 만들기
- 아기 너구리에게 어떤 일이 있었는지 쓰기
- 아기 너구리네 가족이 어떻게 봄을 맞이했는지 쓰기
- 봄에 대한 내 생각 쓰기

『아기 너구리네 봄맞이』 독후감

> 누군가에게 이야기하듯이 쓴 제목이 멋지네요.

나만의 제목: 봄은 선물이야

해가 점심을 먹을 때쯤 「아기 너구리네 봄맞이」이라는 책을 읽었다. 봄맞이를 어떻게 하는지 궁금했다.
아기 너구리네는 산속 깊은 굴속에서 겨울잠을 자고 있었다. 그런데 아기 너구리가 갑자기 깨 버리고 그 바람에 언니오빠 너구리도 잠이 깼다. 그래서 굴밖을 내다보게 되었다. 밖은 바람이 쌩쌩 불고 눈보라가 거세게 치고 있었다. 깜짝 놀란 3남매는 다시 겨울잠을 잤다 얼마후에~ 진짜 봄이오고 아기너구리네 가족은 따스하며 향기롭고 감격스러운 봄맞이를 했다.
봄은 너구리들에게 선물 같았다.
나도 봄을 생각하니 감격스럽고 설레인다. 봄은 정말 신기하다. 이유없이 기분좋게 해주니까 말이다.

> 봄에 대한 생각과 느낌을 잘 표현했어요.

아무도 몰랐으면 좋겠어!

박경진 글·그림 | 미세기

한여름 밤에 고래가 시원스레 물을 뿜는 꿈을 꾸던 방실이는 그만 이불에 오줌을 싸고 맙니다. 엄마한테 혼날 생각에 요리조리 핑계를 떠올리지만 좋은 생각이 떠오르지 않자 그만 친구 영아네 집으로 도망치고 말지요. 누구에게나 비밀이 있듯 방실이도 비밀이 생겼어요. 과연 그 비밀을 엄마는 알게 될까요?

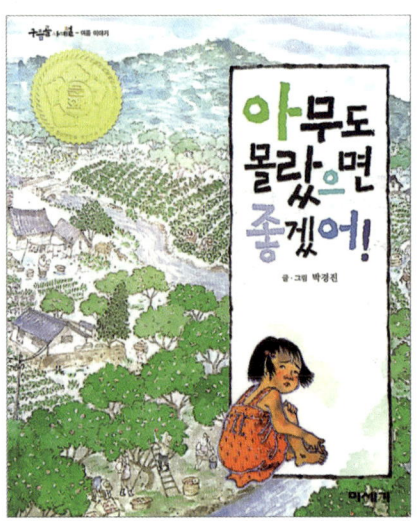

- 책을 읽기 전에 표지와 제목을 보고 나만의 동기 만들기
- 주인공에게 어떤 일이 생겼는지 시간의 흐름에 따라 정리하기
- 내가 주인공이라면 어땠을지 상상해 보기
- 방실이 엄마의 행동에 대한 내 생각 쓰기

 『아무도 몰랐으면 좋겠어!』 독후감

> 책에서 알게 된 비밀과 관련해서 내 생각을 함께 정리하니 더 진심이 담긴 독후감이 되었네요.

나만의 제목: 방실이의 비밀

누구에게나 비밀이 있다. 나도 비밀이 있다. 아마 우리 언니도 있을 것이고 오빠도 있을 것이다. 주인공 방실이도 비밀이 있었다. 그 비밀은 바로 자면서 오줌을 싼 것이다. 『아무도 몰랐으면 좋겠어!』라는 책에서는 비밀을 지키는 것도 좋지만 비밀로 인해 겁쟁이가 되지않는 것을 알려주었다. 주인공은 방실이라는 여자 아이인데 자기 전에 수박을 너무 많이 먹어서 자면서 오줌을 쌌다. 그래서 방실이는 엄마에게 혼날까봐 영아네 집으로 도망쳤지만 결국 엄마에게 들켜서 붙들려가고 말았다. 나는 방실이가 혼날까봐 조마조마 했다. 하지만 엄마는 방실이가 생각했던 것과는 달리 다독여주고 위로하고 이해를 해주었다. 그런 엄마모습이 멋있었다. 그리고 이 계기로 방실이는 용기를 얻고 당당한 방실이로 다시 태어났다. 당당해진 방실이를 보니 기쁘고 흐뭇했다.

> 주인공 방실이에게 있었던 일을 시간의 흐름에 따라 잘 정리했어요. 방실이와 엄마에 대한 느낌도 잘 썼고요.

아빠의 손

마하라 미토 글 | 하세가와 요시후미 그림 | 김난주 옮김 | 시공주니어

눈을 감아 보세요. 캄캄하죠? 하지만 무슨 소리가 들리지 않나요? 눈을 뜨고 있을 때보다 분명하게 느껴지지 않나요? 그 소리와 느낌이 여러분 마음에 퍼진다면 보이는 것이 있을지도 몰라요. 주인공 가오리는 아빠의 손에 눈이 있다고 믿어요. 진짜로 아빠의 손에 눈이 있을까요?

- 책을 읽기 전에 표지와 제목을 보고 나만의 동기 만들기
- 책을 읽고 나서 동기에서 궁금했던 점을 해결하기
- 주인공 가오리 아빠는 어떤 사람인지 소개하기
- 가오리 아빠의 모습과 행동을 보고 느낀 생각 정리하기
- 장애를 극복하는 힘은 무엇일까 생각해 보기

「아빠의 손」 독후감

> 아빠의 손에 어떤 특별한 능력이 있는지 맞혀 보는 것도 좋았겠어요.

제목: 세상을 보는 손

어둑한 하늘에 비가 툭툭 노크할 때쯤 「아빠의 손」이라는 책을 보게 되었다. 제목을 보고 나는 아빠의 손에 어떤 특별한 능력이 있는지 궁금했다. 주인공은 호기심 많은 가오리와 장애를 가졌지만 긍정적인 가오리 아빠였다. 가오리 아빠는 교통사고로 인해 시력을 잃었다. 그리고 집에서 침술 치료를 하고 있다. 가오리 아빠는 손으로 등이 하는 말도 듣고 날씨도 잘 맞추는 일기예보의 달인이다. 내 생각에 가오리 아빠는 귀로 세상을 볼 수 있는 것 같다. 그래서 가슴이 뭉클하고 감격스러웠다. 가오리 엄마는 흥도 많고 긍정적인 엄마였는데 아빠에게 엄마란 가장 소중한 눈이라는 생각이 든다. 가오리 아빠가 가오리에게 눈을 감고 또 다른 세상을 알려주는 것에 감동받았다.

> 책에서 느낀 감정을 정말 잘 표현했어요. 장애를 극복하는 힘에 대해 썼다면 더 좋았겠어요.

어머니의 이슬털이

이순원 글 | 송은실 그림 | 북극곰

자식들은 어머니의 사랑을 어떻게 알 수 있을까요? 어머니가 밥을 지어 주고 옷을 입혀 주고 잠을 재워 주는 모든 행동이 사랑을 표현하는 방법이지요. 하지만 자식이 그것을 깨닫지 못하면 어머니의 사랑은 덧없는 일상에 불과해요. 주인공은 어머니가 '이슬털이'라는 아주 특별한 방법으로 사랑을 표현했을 때 비로소 어머니의 사랑을 느끼고 깨닫게 되지요. 이슬털이가 무엇인지 책으로 들어가 볼까요?

독후감 쓰기 포인트

- 책을 읽기 전에 표지와 제목을 보고 나만의 동기 만들기
- 책을 읽고 나서 동기에서 궁금했던 점을 해결하기
- 주인공에게 어떤 일이 있었는지 시간의 흐름에 따라 정리하기
- 부모님의 사랑에 대한 내 생각 쓰기
- '이슬털이'가 무엇이었는지 생각해 보기

「어머니의 이슬털이」 독후감

> 제목이 뭔가 이 책의 비밀을 말해 주는 것 같아서 끌리네요.

나만의 제목: 사랑은 위대하다.

따뜻한 햇볕과 설렁한 바람이 만나는 오후에 「어머니의 이슬털이」라는 책에 퐁당 빠져보았다. 어머니가 이슬을 왜 터는지 궁금했다. 주인공은 꾀부리고 학교 안가는 남자아이다. 어느날 또 꾀부리고 집에 있는데 어머니가 지겟작대기를 들고 기다리고 있었다. 주인공은 자신을 때리는 줄 알고 조마조마했다. 하지만 그 지겟작대기는 이슬을 털어주려고 가져가신 것이다. 그것은 바로 아들이 조금 더 편하게 학교를 가려고 하는 어머니의 사랑이였다. 나는 그 사랑에 마음이 감동으로 뒤덮였다. 책을 읽고 나니 부모님이 나를 얼마나 사랑하는지, 얼마나 생각하는지 다시 한번 깨닫게 되었다. 어머니가 이슬을 터는 이유는 아들을 사랑하는 마음 때문이였다. 사랑을 위대한 것 같다.

> 주인공에게 어떤 일이 있었는지 잘 요약해서 썼어요. 내용을 요약할 때는 주인공을 중심으로 요약하는 것을 잊지 마세요.

> 느낌을 구체적으로 쓰니 길게 쓸 수도 있고 감동도 훨씬 커요.

엄마 자판기

조경희 글·그림 | 노란돼지

신우네 엄마는 놀이공원에 데리고 가겠다는 딸과의 약속을 지키지 못할 만큼 바빠요. 토요일에도 일을 하지요. 그래도 신우는 엄마 없는 시간을 꿋꿋하게 견뎌 냅니다. 하지만 일을 하고 들어온 엄마는 신우에게 핸드폰만 한다고 혼을 내고, 얼른 씻으라고 재촉합니다. 그런 엄마가 너무 미워서 없어졌으면 좋겠다고 생각하며 잠이 듭니다. 그런데 일어나 보니 정말로 엄마가 보이지 않습니다. 엄마 대신에 엄마 자판기가 놓여 있지 않겠어요?

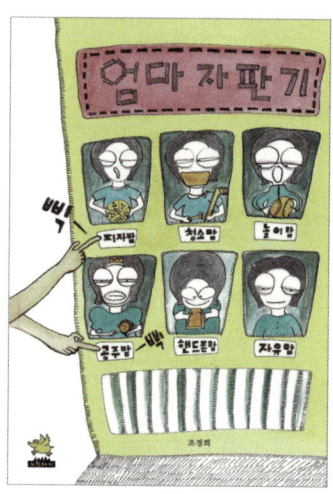

독후감 쓰기 포인트

- 책을 읽기 전에 표지와 제목을 보고 나만의 동기 만들기
- 주인공에게 어떤 일이 있었는지 시간의 흐름에 따라 정리하기
- 주인공에게 정말 필요했던 것이 무엇이었을지 생각해 보기
- 나에게 지금 가장 필요한 엄마는 어떤 엄마인지 생각해 보기

「엄마 자판기」 독후감

> 특별한 동기가 없더라도 이렇게 표지와 제목을 보고 동기를 만들어 보는 것은 중요한 활동입니다. 동기를 쓴 독후감과 쓰지 않은 독후감은 완전히 다르니까요.

나만의 제목: 잔소리 대마왕   행복 대마왕

"엄마 자판기"에서 나는 부자인 엄마를 뽑고 싶은데 「엄마 자판기」에 나오는 주인공은 또 엄마를 뽑을지 궁금해서 이 책을 읽게 되었다. 주인공은 엄마와 놀고 싶었는데 주인공의 엄마는 집안일, 회사일, 그리고 잔소리 하느라 주인공과 놀아주지 못했다. 그래서 주인공은 엄마가 없어졌으면 좋겠다고 혼잣말을 했다.
그러다가 꿈에서 기적같은 일이 벌어졌다 엄마는 온데간데 없이 사라지고 "엄마 자판기"가 있었다. 주인공은 공짜음료수 자판기를 뽑는 것처럼 자판기에 있던 엄마들을 모두 뽑았다. 그리고 행복한 시간을 보냈다. 주인공은 엄마의 관심과 함께 하는 시간이 필요했던 것 같다. 주인공이 엄마와 같이 있는 장면을 보니 너무 행복해보였고 내 마음에도 꽃이 피는 기분 같았다.

> 주인공에게 필요했던 것이 무엇이었는지 잘 썼어요. 그에 따른 느낌 표현도 멋집니다.

오른발, 왼발

토미 드 파올라 글·그림 | 정해왕 옮김 | 비룡소

주인공 보비와 할아버지는 가장 친한 친구 사이예요. 할아버지는 보비에게 오른발, 왼발 하며 걸음마를 가르쳐 주었고 매일 재미있는 얘기를 들려주었지요. 그러던 어느 날 할아버지는 뇌졸중으로 쓰러지면서 말도 못하고 움직이지도 못하게 되어요. 과연 할아버지는 건강을 되찾을 수 있을까요?

독후감 쓰기 포인트

- 책을 읽기 전에 제목을 보고 어떤 이야기일지 생각해 보기
- 주인공을 중심으로 이야기 정리하기
- 주인공에게 있었던 일을 순서대로 정리하기
- 내가 보비라면 어땠을까 상상해 보기
- 친절과 배려에 대해 생각해 보기

「오른발, 왼발」 독후감

> 책 표지와 제목을 보고 어떤 이야기일까 상상해 보는 것도 좋은 동기 만들기 방법 중 하나입니다.

나만의 제목: 친절과 배려가 약이다.

오후 햇살이 쨍쨍 거릴때 쯤 「오른발,왼발」이라는 책을 읽었다. 제목을 보니 훈훈한 이야기 일것 같았다. 주인공 보비와 보비를 행복 하게 해주는 할아버지가 있었다 할아버지가 보비한테 걸음마도 가르쳤다. 그리고 할아버지와 보비는 기쁘고 즐거운 시간을 보냈다. 그런데 갑자기 할아버지가 뇌졸증으로 쓰러 졌다. 보비는 병원에 있는 할아버지를 매일 매일 기다렸다. 그 모습이 가엾고 불쌍했다. 할아버지가 집에 돌아왔지만 움직일수 없었다. 보비는 할아버지가 무서웠지만 할아버지를 위해 열심히 걸음마를 가르쳤다. 결국 할아버지는 병도 많이 나아지고 잘 움직일수도 있게 되어서 기뻤다. 보비의 친절과 배려가 할아버지의 병을 고쳤다고 생각한다. 이 이야기를 읽고 친절과 배려가 얼마나 중요한지 다시한번 알게 되었다.

> 친절과 배려에 대한 자기 생각을 정말 멋지게 잘 표현해 주었어요.

원숭이 오누이

채인선 글 | 배현주 그림 | 한림출판사

동생 온이는 오빠 손이를 아주 많이 좋아해요. 그래서 오빠가 하는 것은 무엇이든 따라 했어요. 오빠가 책을 읽으면 자기도 읽어 보고 싶어서 엉터리로 책을 읽고, 게임을 하면 옆에서 따라 하고, 심지어 자기의 새 구두보다 오빠의 새 운동화를 신고 싶어 했어요. 매일매일 손이를 따라오는 온이를 보고 손이 친구들은 원숭이 동생이라고 놀렸고, 손이는 온이가 점점 귀찮아졌어요. 이 오누이에게 어떤 일이 일어났을까요?

- 책을 읽기 전에 표지와 제목을 보고 나만의 동기 만들기
- 책을 읽고 나서 동기에서 궁금했던 점을 해결하기
- 주인공이 누구인지 자세히 소개하기
- 오누이에 대한 내 생각 쓰기
- 책을 읽고 생각의 변화나 느낌 쓰기

「원숭이 오누이」 독후감

> 제목을 보고 나는 어떤 오누이인지 써 준 것이 멋진 동기가 되었네요. 만약 오누이가 아니라면 형제나 자매, 남매가 생긴다면 어떨까 하는 상상을 써도 좋아요.

나만의 제목: 이상한 오빠

오후 간식 타임이 기다려질 때쯤 「원숭이 오누이」라는 책을 읽었다.
나는 '달라요 오누이'인데 원숭이 오누이는 어떤 오누이 인지 궁금했다.
주인공은 손이와 오빠 바보 온이 이다.
온이는 오빠가 너무 좋아서 오빠를 맨날 따라하는 따라쟁이 였다. 그래서 태권도장에서 가는 바닷가도 따라갔다. 그런데 온이가 없어졌다. 왜냐하면 손이는 온이가 귀찮아서 따라오지 말라고 했기 때문이다. 하지만 막상 온이가 안보이니 손이는 불안하고 떨렸다. 결국 동생을 찾게 되었고 이제는 오빠가 동생을 따라다니게 되었다.
오빠는 참 이상하다. 어떤때는 부모같이 잘 챙겨주고 어떤때는 귀찮고 밉다. 그렇지만 없으면 안 되는 소중한 존재이다.

> 책을 읽고 오빠에 대한 생각을 솔직하게 잘 표현해 주었네요.

> 온이와 손이가 어떤 상황인지 이해가 잘 되도록 내용을 잘 간추려서 정리했네요.

으악, 도깨비다!

손정원 글 | 유애로 그림 | 느림보

친구들은 혹시 장승을 알고 있나요? 이 책은 밤이 되면 팔과 다리가 생겨 자유로워지는 장승 친구들의 이야기예요. 그런데 장승 친구들에게 위기가 닥치게 됩니다. 과연 장승 친구들은 이 위기를 어떻게 극복할까요?

독후감 쓰기 포인트

- 책을 읽기 전에 표지와 제목을 보고 나만의 동기 만들기
- 책을 읽고 나서 동기에서 궁금했던 점을 해결하기
- 주인공을 중심으로 내용 정리하기
- 내가 주인공이라면 어땠을까 상상해 보기
- 협동에 대한 내 생각 쓰기

「으악, 도깨비다!」 독후감

> 책장을 넘기기 전에 책 표지나 제목을 보고 책을 읽을 이유를 만들어 보는 것은 매우 중요해요. 제목에 도깨비가 나와서 도깨비에 대한 생각을 써 준 동기가 멋지네요.

나만의 제목: 협동이 최고야~~~

도깨비를 생각하면 덜덜 떨리기도 하고 깔깔 웃기기도 한다. 「으악, 도깨비다!」라는 책에서는 도깨비가 어떨까 궁금했다. 그런데 책에서는 도깨비들이 무섭지 않고 무지 재미있고 따뜻한 친구들 이었다. 바람만 아는 깊은 산골 장승마을에 장승 친구들이 살고있었다. 장승 친구들은 밤에는 팔다리가 생겨서 신나게 놀수 있었다. 단, 날이 밝기 전에 제자리로 돌아가야 했다. 하지만 어느날 멋쟁이는 제자리로 돌아오지 못하고 그자리에 굳어버렸다. 심지어 곰팡이도 피고 썩기 시작했고 도둑들은 멋쟁이를 뽑아가 버렸다. 결국 장승 친구들이 협동해서 멋쟁이를 구해냈다. 구한 방법은 도둑들 앞에 나타나서 소리를 지르고 겁을 준것이다. 협동은 행복을 주는것 같다.

> 장승 친구들이 협동해서 친구를 구한 장면을 조금 더 자세히 설명했다면 협동의 중요함을 더 잘 알 수 있었을 거예요.

종이 봉지 공주

로버트 문치 글 | 마이클 마첸코 그림 | 김태희 옮김 | 비룡소

예쁘고 똑똑한 공주는 멋진 성에 살고 멋진 신랑감도 있어서 오래오래 행복해질 참이었지요. 그런데 몹쓸 용이 나타나 공주의 성을 홀랑 태워 버리고 신랑감 왕자를 붙들어 가 버렸어요. 곱고 비싼 옷만 입고 살던 공주는 옷이 없어서 커다란 종이 봉지를 뒤집어쓰고 왕자를 구하러 떠나요. 과연 공주는 왕자를 구하고 행복을 되찾을 수 있을까요?

독후감 쓰기 포인트

- 책을 읽기 전에 제목을 보고 어떤 이야기일지 생각해 보기
- 주인공에게 하고 싶은 말을 생각해 보기
- 주인공에게 하고 싶은 말을 편지로 쓰기
- 편지 내용에 속담 넣기

『종이 봉지 공주』 독후감

> 독후감을 편지 형식으로 쓰니 내용이 훨씬 더 잘 이해돼요. 나의 생각을 맘껏 표현하는 좋은 방법이에요.

겉만 번지르르한 껍데기 왕자에게

안녕, 겉만 번지르르한 껍데기 왕자야! 나는 영륜이라고해.
너의 이야기를 「종이 봉지공주」라는 책에서 보게 되었어.
그런데 나는 책을 읽고나서 너에게 너무 화가 났어.
왜냐하면 공주가 기껏 고생해서 널 구해주었는데
옷이나 제대로 입고 오라는 황당한 말을 했잖아.
또 너는 공주의 겉모습만 보고 판단하는 어리석은
짓을 했지. 그래서 내가 너에게 꼭 해주고 싶은
말이 있어. "가는 말이 고와야 오는 말이 곱다"라는
속담이 있는데 지금이라도 공주에게 돌아가서 빨리
사과를 해봐. 그럼 공주도 너에게 기회를 줄지도
몰라. 내가 봤을때 공주는 용감하고 배려심이 깊은
사람인 것 같아. 뒷이야기 기대할께. 화이팅!

2020. 4. 1
너의 고운말을 기대하는 영륜이가.

> 편지 안에 속담을 넣으니 내용이 더 빛납니다. 왕자가 제발 사과하는 답장을 해 주기를….

진짜 투명인간

레미 크루종 글·그림 | 이정주 옮김 | 씨드북

주인공 에밀은 투명인간 소설을 무척 좋아해요. 그렇다고 투명인간이 될 방법은 없어요. 하지만 피아노 조율사인 블링크 아저씨에게 에밀은 투명인간이나 다름없어요. 아저씨는 시각 장애인이라 에밀뿐 아니라 모든 것이 보이지 않거든요. 하지만 아저씨가 앞이 보이지 않아 에밀은 슬퍼요. 그 슬픔을 이길 방법은 없을까요?

독후감 쓰기 포인트

- 책을 읽기 전에 표지나 제목을 보고 나의 경험과 연결 지어 동기 만들기
- 주인공을 중심으로 이야기 정리하기
- 가장 인상 깊었던 장면이나 대사 뽑아서 쓰기
- 시각 장애인에 대한 내 생각 쓰기

『진짜 투명인간』 독후감

> 시각 장애인에 대한 나의 경험을 동기로 쓴 부분이 인상 깊네요.

나만의 제목: 눈으로만 볼 수 있는 것은 아니다.
예전에 지팡이 같은 막대기를 들고 다니는 시각 장애인을 본 적이 있다. 답답해 보이고 힘들어 보였다. 어떻게 넘어지지 않는지 궁금하기도 했다. 그래서 『진짜 투명인간』이라는 책을 빨리 넘겼다. 주인공 에밀은 진짜 투명인간이 아니라 블링크 아저씨에게만 투명인간이 되었다. 왜냐하면 블링크 아저씨가 시각 장애인이었기 때문이다. 에밀은 아저씨에게 색깔에 대해 알려 주려 노력했고 아저씨는 에밀에게 피아노 연주로 느낌을 전달했다. 둘의 노력으로 나중에는 서로를 자세히 이해하고 소통할 수 있었다.
시각 장애인은 무료으로 앞을 보는 것과 똑같다고 하는데 얼마나 힘들지 상상이 되어서 가슴이 먹먹하고 무거운 돌덩이가 누르는 것 같았다. 앞으로 시각 장애인을 만나면 꼭 도움을 주고 싶다.

> 느낀 점을 비유법을 사용해서 쓰니 더 마음에 와 닿아요.

짧은 귀 토끼

다원시 글 | 탕탕 그림 | 심윤섭 옮김 | 고래이야기

동동이는 토끼인데 귀가 짧아요. 태어날 때부터 짧았지요. 그래서 늘 긴 귀를 갖고 싶어 했어요. 그러던 어느 날 귀 모양의 빵을 만들어 귀에 붙였어요. 그런데 달콤한 빵 냄새에 독수리가 동동이를 잡아갔지 뭐예요. 과연 동동이는 살아날 수 있을까요?

독후감 쓰기 포인트

- 책을 읽기 전에 표지와 제목을 보고 나만의 동기 만들기
- 주인공에게 있었던 일을 시간의 흐름에 따라 정리하기
- 내가 주인공이라면 어땠을까 상상해 보기
- 책에서 나에게 무슨 말을 하는지 잘 들어 보기
- 생각의 변화나 다짐으로 마무리하기

「짧은 귀 토끼」 독후감

> 나만의 제목: 긴 귀는 가짜
>
> 바람이 모든 사람을 괴롭힐 때 쯤.
> 「짧은 귀 토끼」라는 책을 읽었다.
> 토끼 귀가 왜 짧을까? 궁금했다.
> 주인공 동동이는 귀가 짧게 태어
> 났다. 그래서 동동이는 무척 슬퍼서
> 귀가 길어지는 방법을 찾다가 긴
> 빵을 만들어 귀에 붙였다.
> 그런데 달콤한 빵 냄새에
> 독수리가 동동이를 잡아갔다.
> 다행히 빵이 부러져서 동동이는
> 살 수 있었다. 진짜 귀였다면
> 동동이는 독수리 밥이 됬을 것
> 이다. 외모는 중요한게 아니고
> 마음이 따뜻하고 자신감, 용기, 배려
> 등 마음이 따뜻한 사람이 되는 것이
> 중요한 것이다.

> 내용을 정리해서 쓸 때는 6하 법칙을 활용해 보세요. 6하 법칙 사이사이에 접속어가 들어갔다면 내용이 더 잘 이해되었을 거예요.

> 책을 즐겁게 읽었다면 아마 이렇게 책이 하는 말이 잘 들렸을 거예요. 멋진 느낌과 다짐이 백점이에요.

틀리면 어떡해?

김영진 글·그림 | 길벗어린이

그린이는 태권도를 좋아했어요. 열심히 준비하고 드디어 그토록 기다리던 태권도 승품 시험 날이 되자 자신감이 마구 솟아올랐어요. 마지막 연습 때 하나도 틀리지 않았거든요. 앗, 그런데 국기원장이 온통 눈물바다가 되었어요. 아이들이 여기저기서 훌쩍였어요. 그뿐 아니에요. 뭐든지 완벽한 멋진 관장님은 사람들이 보는 앞에서 엉엉 울었어요. 대체 무슨 일이 벌어진 것일까요?

독후감 쓰기 포인트

- 제목을 보고 나는 틀렸을 때 어떻게 했는지 쓰기
- 주인공 그린이가 틀렸을 때 어떻게 했는지 쓰기
- 틀렸을 때 할 수 있는 지혜로운 방법 생각해 보기
- 책을 읽고 나서 생각의 변화나 다짐 쓰기

『틀리면 어떡해?』 독후감

> 내가 받아쓰기 시험을 보았을 때 어땠는지를 쓰니 동기가 풍부해졌어요.

나만의 제목: 모두 화이팅!

나는 예전에 받아쓰기 시험을 70점 맞은 적이 있다. 그때 기분은 생각보다 괜찮았다. 왜냐하면 틀려도 다시 도전 하고 공부하면 되기 때문이다. 「틀리면 어떡해?」 책을 읽어 보니 주인공 그린이도 받아쓰기 70점을 맞았다. 그런데 속상해하지 않았고 아빠가 화이팅 해주며 치킨도 사주셨다.
누구나 틀릴수는 있다. 하지만 틀렸다고 포기하고 울지 말고 용기를 내서 다시 한번 도전하면 된다. 나는 앞으로 용기가 가득한 사람이 되고 싶다.
"그린이도 화이팅! 나도 화이팅!"

> 다짐과 함께 큰 따옴표를 활용한 메시지가 돋보여요.

> 책의 내용을 다 쓰기 힘들 때는 이렇게 가장 기억에 남는 부분만 써도 됩니다. 간결하게 요약하니 아주 좋네요.

퐁퐁이와 툴툴이

조성자 글 | 사석원 그림 | 시공주니어

숲속에 퐁퐁이와 툴툴이라는 옹달샘 두 개가 있어요. 그런데 두 옹달샘은 서로 다른 마음을 가지고 있지요. 늘 나누고 싶은 마음이 가득한 옹달샘 퐁퐁이와, 절대로 나누고 싶지 않은 옹달샘 툴툴이에게 어떤 일이 벌어질까요?

- 책을 읽기 전에 표지와 제목을 보고 나만의 동기 만들기
- 책을 읽고 나서 동기에서 궁금했던 점을 해결하기
- 주인공 퐁퐁이와 툴툴이 소개하기
- 퐁퐁이와 툴툴이에게 어떤 일이 생겼는지 쓰기
- 책을 읽고 나서 생각의 변화나 다짐 쓰기

『퐁퐁이와 툴툴이』 독후감

나만의 제목: 감동 세계

낙엽이 춤추는 오후에 퐁퐁이와 툴툴이 라는 책을 읽었다.
퐁퐁이와 툴툴이가 어떻게 되는 지 궁금해서 책속에 어푸어푸 빠져 보았다.
주인공은 툴툴이웅달샘과 퐁퐁이웅달샘 이었다. 퐁퐁이는 물을 나누어 주었고, 툴툴이는 절대로 나누지 않았다.
그런데 어느 가을 날 툴툴이는 낙엽에 눌려 외로움에 시달렸다.
나는 이 책을 읽고 나눔을 해서 전세계를 감동으로 물들이고 싶다는 생각이 들었다~.

> 책의 내용을 조금 더 자세히 썼다면 좋았겠어요. 중요했던 사건이나 기억나는 장면을 설명해 주어도 좋습니다.

> 나눔이라는 교훈을 느끼고 다짐까지 연결하니 아름다운 마무리가 되었네요.

황금 사과

송희진 글·그림 | 이경혜 옮김 | 뜨인돌어린이

윗동네와 아랫동네는 조용하고 평화로웠습니다. 마을을 정확히 반으로 가르는 곳에 자리한 나무에서 황금 사과가 열리기 전까지는 말이죠. 사람들은 황금 사과를 갖기 위해 욕심을 부렸어요. 이기심에 얼룩져 서로를 미워하고 증오하고요. 적이 되어 싸우기 바쁘지요. 욕심은 분명 화를 불러옵니다. 우리는 이런 상황에서 어떻게 대처해야 할까요? 그 비밀을 황금 사과가 말해 줄 거예요.

- 책을 읽기 전에 표지와 제목을 보고 나만의 동기 만들기
- 중요한 사건을 중심으로 내용 정리하기
- 사건에 따른 내 느낌이나 생각 쓰기
- 책을 읽고 나서 생각의 변화 쓰기

「황금 사과」 독후감

제목을 보고 내가 어떤 과일을 좋아하는지 연결 지어 동기를 만들었네요. 멋진 동기입니다.

나만의 제목: 평화를 위한 용기

「황금사과」라는 제목을 보고 나는 귤을 좋아하지만 사과도 황금사과라면 한번 좋아해 볼까? 라는 생각이 들었다. 어느 두 동네의 한가운데에 있는 사과나무에 황금사과가 열렸다. 그래서 마을 사람들은 서로 황금사과를 가지겠다고 싸우다가 땅바닥에 금을 긋게 되었다. 그 금은 울타리가 되고, 울타리가 높은 담이 되어 마을을 갈라놓았고, 마을 사람들은 서로 미워하게 되었다. 시간이 흘러 황금사과는 없어지게 되었고, 한 아이의 엄마는 담 너머에 괴물이 있다고 했다. 하지만 그 아이는 담벼락에 있는 문을 열었고, 그 곳에는 괴물이 아닌 아이들이 즐겁게 놀고 있었다. 그런데 용기를 내 문을 연 아이의 이름은 "사과였다." 그 이후로 두 마을은 다시 예전처럼 사이 좋게 지내지 않았을까? 싶다. 싸움을 하더라도 중요한 건 진심을 다해 사과하고, 다가가는 것이라고 생각한다. 나도 앞으로 자존심이 상할 지라도 평화를 위해 사과하는 용기를 가져야 겠다고 생각했다.

책의 내용을 6동 법칙에 맞게 정리를 잘해 주었네요. 중간중간에 내 느낌도 넣어 주면 더 좋아요.

사과와 용기에 대한 다짐이 빛나는 마무리입니다.